BRUSSELS' KITCHEN

Les nouvelles adresses food & style

New hotspots to eat out in style

Chloé Roose

Racine

HARPER'S
MAY
NAPOLI
ENTE PROVINCIALE PER IL TURISMO - NAPOLI

Préface

FR Ce que Chloé Roose fait de mieux, c'est capter ce qui rend les gens exaltants. Cette fille a le don de rassembler des talents. Et de donner à Bruxelles et à ses tables une dimension nouvelle. De hisser Bruxelles au rang de ville qu'on a raison d'aimer. Avec tout ce qu'elle dégage de partage et de fierté, de qualité et de simplicité. Bruxelles – aussi – comme capitale de la gastronomie décalée, innovante, étonnante de bonté. Manger pour goûter, mais aussi et surtout pour se retrouver, pour partager, pour échanger. Pour être ensemble ou seul.e en soi, mais rempli.e de bonnes et belles choses. De ces choses qui se croquent, s'aspirent ou s'absorbent, mais aussi de celles, immatérielles, qui laissent des sensations, construisent la mémoire, affinent la sensibilité.

Tout cela autour de tables savamment orchestrées ou de mise en scènes simplement composées, avec créativité, passion, et sans préciosité.

Les tables. Et leurs fleurs. Et leur harmonie qui passe de la structure au foutraque. Les tables, à l'origine bien dressées et qui finissent en fin de repas complètement retournées. Les petites œuvres d'art en capsule de champagne réalisées, au fil d'une conversation, par des artistes distraits. Les incidents et taches de vin. La vie en plein.

À travers ce livre, Chloé montre que tous les instants peuvent être de grands moments, avec un peu d'idées et beaucoup d'envie.

Ça, ça inspire. Ça grandit. Ça donne envie, soi-même, de faire autrement. La vie est une mise en scène et la table son plus bel aboutissement.

Claudia Lomma,
Directrice Générale *Elle Belgique*
& *Marie-Claire Belgique*

EN Finding out what makes people truly exciting is what Chloé Roose does best. This girl has the gift of bringing talented people together. And of giving Brussels and its restaurants a new dimension, making it a place we are right to love. With everything it has to offer, with sharing and pride, quality and simplicity. Brussels: the capital of offbeat, innovative and surprisingly refreshing gastronomy.

Eating to discover new things, but also and mostly to meet, to share, to be. Whether together with others or alone with yourself, but always with a plate of delightful and delicious things in front of you. Those things you can bite, inhale or absorb, but also those more immaterial aspects: the sensations you get, the memories brought back, the refining of our senses.

All of this around cleverly set tables or in simple settings full of creativity, passion and without frills.

The tables. And their flowers. And their harmony – from structured to chaos. The tables, perfectly set to start with, and a battlefield by the end of the meal. Those tiny works of arts fashioned out of champagne corks by distracted artists while sitting and listening. The minor accidents, the wine stains. Life at its fullest.

Through this book, Chloé shows that every instant can be a great moment, with little planning but with an urge to enjoy.

And that is truly inspiring. Making us grow, making us want to do things differently. Life is a stage and the restaurant table its finest accomplishment.

Claudia Lomma,
General Director of *Elle Belgique*
& *Marie-Claire Belgique*

Photo: Bistro Madame

Sommaire
Contents

Bailli, Châtelain, La Cambre

Flagey, Fernand Coq, Porte de Namur

Van Meenen, Parvis, Porte de Hal

Stéphanie, Sablon, Chapelle

Bourse, Sainte-Catherine, Canal

Madou, Chasseurs Ardennais, Dailly

Uccle, Luxembourg, Boitsfort, La Hulpe, Woluwe-Saint-Pierre

Bailli, Châtelain, La Cambre

Cafés

Néocantines

Restos

Bars

Kami

Bar à café de spécialité / *Specialty coffee bar*

355 chaussée de Waterloo
1060 Saint-Gilles

FR En japonais, le terme Kami désigne les divinités, ou les esprits souvent cachés dans les animaux, la nature, mais parfois aussi dans les objets. Un clin d'œil un peu porte-bonheur pour Clara et Elias, qui après s'être rencontrés à L.A., ont eu un coup de cœur ensemble pour le Japon, puis ont décidé d'ouvrir leur bar à café à Bruxelles. Chez Kami, on boit du café de spécialité, bio, en importation directe et torréfié en Belgique.

Ça faisait déjà 8 ans que le couple avait découvert cette nouvelle manière de produire et de consommer le café, où, comme avec le vin, tout est question de terroir. Et ça faisait presque autant de temps que le projet germait dans leur tête. Après un an à se former comme barista chez Mokxa à Lyon, Clara maitrîse aussi bien le sujet que les machines. Avec Elias, ils partagent la passion du café, mais aussi celle de bien faire les choses, en commençant par la base; les bons produits. Le pain vient de chez Hopla Geiss, les pâtisseries vegan de chez Cookie Tree, la charcut' de chez Copro Bio. Bref, tout est bio, local et de saison. On a même eu droit aux premières fraises de Belgique, servies avec une compote de pomme-rhubarbe dans notre granola – mois de mai oblige. Déjà initiées et fans de café filtre, on trouve notre bonheur dans un café du Rwanda torréfié à Anvers, filtré dans une V60 et servi dans de magnifiques tasses signées Kim Verbeke. Le lieu vient à peine d'ouvrir, mais tous les détails sont déjà bien là. C'est joli, le café est très très bon et l'accueil de Clara et Elias juste parfait. Il y a même un joli jardin plein sud à l'arrière. Le nouveau QG de Brussels' Kitchen? Peut-être bien.

EN In Japanese, the word Kami is used to refer to a divinity, or a spirit hidden in animals, nature or even daily objects. It's also a bit of a lucky charm for Clara and Elias who, after meeting in L.A., both fell in love with Japan before returning to Brussels to open their own coffee bar. At Kami, they serve specialty coffee - organic, directly imported and roasted in Belgium.

Eight years ago already, the couple had discovered this new way of producing coffee – for which soil and climate matter just as much as for wine. And the idea of running a coffee bar had been in their minds for just as long. After spending one year training to become a barista at Mokxa in Lyon, Clara now masters the machines just as much as the topic. She and Elias share a passion for coffee, but also for things well done, starting with the basics: quality produce. Their bread comes from Hopla Geiss, the vegan pastries from Cookie Tree, the cold cuts from Copro Bio. Everything is local, organic and seasonal. We even got to try the first Belgian strawberries, paired with an apple-rhubarb compote and served on granola – perfectly in tune with the season. Already big fans of filter coffee, we were delighted by the Rwanda coffee roasted in Antwerp, filtered in a V60 and served in beautiful ceramic cups signed by Kim Verbeke. Though the place has only been open for a couple of months, everything already seems to have fallen into place. The decor is great, the coffee extremely good and the warm welcome and explanations given by Clara and Elias are the icing on the cake. There's even a south-facing garden at the back. Brussels' Kitchen's new HQ? Might just be.

ESPRESSO 2·00
DOPPIO / LONG BLACK 2·60
MACCHIATO 2·80
CAPPUCCINO 3·20
FLAT WHITE 3·50
LATTE 3·60
LATTE MACCHIATO 3·90
MOCACCINO 4·00
MATCHA LATTE 4·50
OAT / ALMOND MILK 0·30
FILTER COFFEE 2·50 / 5·00
COLD BREW 4·00
HOT CHOCOLATE 4·00
THES 3·00 / 6·50
KEFIR / LIMONADE MAISON 2·50 / 3·50
JUS DE POMMES 3·00
CRAFT BEERS 3·80 / 4·50
SEASONAL SANDWICH
GRILLED SANDWICHES
SWEETS & PASTRIES 2·50 / 6·50

Bintje

Bar à frites / *Fries bar*

62 rue Simonis
1050 Ixelles
+32 850 64 47
facebook.com / bintjebar

Lunch : 10 €

FR Pourquoi « bar à frites » ? Parce qu'avant de servir des burgers, ou quoi que ce soit d'autre, Bintje est avant tout une adresse mono-produit, spécialisée dans la frite. Les pommes de terre, en provenance d'un petit fermier bio du côté de Gand, sont tranchées en frites chaque matin par Quentin, le responsable de la cuisine. Bio et lavées, elles ont l'avantage de pouvoir conserver leur peau, pour ce petit côté « New-York fries » qu'on aime tant. Elles sont ensuite « frites » en deux cuissons, à l'huile de tournesol bio – afin de convenir également aux végétariens –, puis simplement salées avec un sel non traité de Bretagne. Et voilà ! On tient sans mentir une des meilleures frites de Bruxelles, pour ne pas dire la meilleure.

Mais Bintje a décidé de ne pas s'arrêter en si bon chemin. Avec vos frites, choisissez un burger, une sauce maison, et vous voilà rassasié pour un repas complet (10 € la formule lunch). On aime particulièrement le burger au poulet, rôti sur rôtissoire chaque matin, servi dans un pain de chez Yves Guns, accompagné de pickles d'oignons rouges, de parmesan et d'une délicieuse sauce miel-moutarde (9 € hors formule). Le plus : la peau de poulet récupérée après l'étape rôtissage, frite et ajoutée au burger en petites miettes pour un effet crispy. De la bombe baby. Chaque recette a été pensée, repensée et retestée pour atteindre cet équilibre acide-sucré-salé-crousti-moelleux qui fait qu'on en a encore l'eau à la bouche rien que d'y penser. Le bacon and cheese, par exemple, est un parfait combo de tous ces adjectifs avec son onglet de bœuf irlandais (haché sur place) recouvert de bacon émietté et d'oignons caramélisés fondants. Bref, on en redemande.

EN Right below the logo, you'll read "bar à frites" – or french fries bar if you will. This is where Bintje really makes a difference. Before adding burgers or anything else to their menu, their objective has always been the same : to prepare and serve the best french fries. The potatoes, straight from a small organic farm near Ghent, are sliced into fries by Quentin, head of the kitchen, every morning. Organic and washed, they remain unpeeled, giving us that New-York fries feel we really love. They are fried twice in organic sunflower oil – making them vegetarian friendly –, then simply salted with organic sea salt from Brittany. Et voilà ! You've got (some of) the best fries of Brussels.

But why stop there ? To go with your fries, pick a burger and a homemade sauce and you've got yourself a full meal (10 € for the lunch menu). We particularly loved the chicken burger, cooked on the broiler each morning, then served in delicious bread from Yves Guns, and topped with red onion pickles, parmesan flakes and honey-mustard sauce (9 € outside the lunch deal). The bonus : the chicken skin, fried separately after the broiler stage, then broken into crumbles to add crispiness to the recipe. Mind-blowing. Each recipe has been tested, retested, then tested out a couple more times to make sure they all have the same sweet-savory-sour-crispiness balance. Another great example is their bacon and cheeseburger, the perfect combination of all the adjectives above, with Irish beef (ground on the premises) covered in bacon crumbles and caramelized onions. What more could you ask for ?

Komo Bowl

Poke & Smoothie Bowls

36 rue Defacqz
1050 Ixelles
+32 2 751 00 38
komobowl.be

Poke bowls : 11 € – 14 €
Smoothie bowls : 8,50 €

FR À Hawaï, c'est du matin au soir et du soir au matin, entre deux leçons de surf, qu'on dévore açai et poke bowl. En voyage lors de ses études, Lauren découvre les deux tendances, omniprésentes partout où elle se rend. Fan de bouffe, baignée dans l'horeca depuis des années et formée auprès des néocantines phares de la capitale – Knees to Chin & Bao Bang Bang entre autres – elle s'accompagne de deux amies, Olivia et Juliette pour lancer Komo dès son retour – une chouette cantine spécialisée dans les poke et smoothie bowls, comme à Hawaï. Et toutes les références sont là. De la planche de surf transformée en table haute, jusqu'aux petites danseuses du ventre en plastique posées sur les étagères, en passant par les nombreuses effigies de requin – on se croirait dans un surf shack au bord de la plage. C'est frais, coloré, et les filles sont ultra accueillantes – tout ce qu'on demande à ce genre de petite adresse mono-produit. Enfin pas tout. Ce qui nous intéresse vraiment, c'est ce qu'il y a dans les bols. D'Hawaï, elles ont gardé les bases : le riz encore chaud, le poisson cru mariné – détail qui fait apparemment toute la différence – , l'avocat, l'edamame et les fruits exotiques. Le reste, ce sont des petits plus qui nous permettent d'atteindre notre dose de 5 fruits et légumes par jour.

C'est simple, aussi coloré que la déco, et bon, même très très bon. Pour 11€, on détient un des meilleurs lunch-deals de la capitale. Tandis que le matin, ou l'aprèm, on viendra plutôt pour un smoothie bowl, à base d'açai, de banane, ou encore d'avocat – alternative healthy et délicieuse aux petit déj' et goûters plus tradis bien de chez nous. Et là encore, pas de surprise, c'est bon, même très très bon.

EN It seems that in Hawaii, food is all about acai and poke bowls, from breakfast till sundown. At Komo, both are served all day long, Tuesday to Saturday, non-stop. It was during a trip to Hawaii that Lauren first discovered them, everywhere she went. And once the idea of Komo was clear in her mind, she headed back straight to Hawaii to pick up all the inspiration she needed. As a real food lover, she received her training in some of the coolest eateries in Brussels – Knees to Chin and Bao Bang Bang among others. She then chose to team up with two of her closest friends, Olivia and Juliette, to launch her own food concept: a smoothie and poke bowls bar, just like in Hawaii. And not a single detail has been forgotten. From the surf board turned into a table and the many shark objects and drawings – it feels like you're walking into a surf shack. The place is fresh and full of colors, and the girls are super nice and welcoming – pretty much everything you could ask from this type of place. Well not quite everything: what matters most is what is inside those bowls. From Hawaii, they've kept the essence: warm rice, marinated fish, avocado, edamame and exotic fruits. The rest of the add-ons will help you reach your daily five fruit and veggie target.

The bowls are straight to the point, as colorful as the interior, and simply delicious. For 11€, you've got yourself one of the healthiest lunch-deals of the city, hands down. Mornings and afternoons, Komo is the place to go to grab a smoothie made with acai berries, banana or even avocado; a great and healthy option to replace our more traditional and extra-sweet breakfasts and snacks. And there as well, it's no surprise by now: it's just delicious.

KOMO
BOWL

-TAKE AWAY-
6-9€
-Quinoa aux noisettes
-petits pois menthe
-Houmous curry cumin
-Courgettes thym
-Carottes thym miel

Martine

Néocantine, Café & tea-room

80 chaussée de Charleroi
1060 Saint-Gilles
+32 2 454 54 51
martine-restaurant.be

Plats / Mains : 11 € – 17 €
Brunch : 20 €

FR Martine, comme Maroussia et Justine, qui, après avoir passé quelques années à peine à flirter avec l'Horeca, ouvrent déjà leur première adresse. À 25 et 26 ans seulement, les filles ont été formées auprès des meilleurs dans leur genre, Tero et Ici entre autres, et ont une idée bien claire derrière la tête. À première vue, leur cantine bobo-bio-arty-healthy attenante à la superbe Galerie de La Patinoire Royale, est déjà une jolie réussite. Mais elle a bien plus à offrir que ce qu'on ne pourrait croire au premier regard.

À l'intérieur, c'est plutôt sobre, afin de rester en ligne avec l'esthétique de la galerie attenante. Mais si l'ensemble peut paraître un peu froid de prime abord ça devient tout autre une fois qu'on est chaleureusement accueilli par les filles, et qu'on se plonge dans la lecture de la carte. La carte, qui change tous les mois, est aussi alléchante qu'éclectique. Coco Bowls pour healthy-food addicts (15€) se mêlent avec escalopes pannées et tagliatelles (18€), classique avocado toast (13€) ou encore porc basse température et sauce tonnato (17€). Le principal, nous dit Maroussia, à la tête de la cuisine, c'est que tout le monde y trouve son compte. Ça rend les choses plus faciles aussi, de savoir qu'on peut y venir avec n'importe qui. Mais le vrai bonheur, c'est la magnifique terrasse, sertie d'un arbre si grand qu'on se croirait plutôt dans un jardin, et faisant le lien parfait avec la galerie. Le week-end, on y reviendra pour l'expo de la Patinoire Royale, qu'on prolongera avec le super brunch de chez Martine.

EN "Martine" comes from the names Maroussia and Justine, the two friends who decided to open their very own restaurant after just a short time in the horeca business. Aged just 25 and 26, the two received their training from among the best of the business, for instance at Tero and Ici, and knew exactly what they wanted. At first glance, they can already be extremely proud of their beautiful healthy-arty-organic restaurant next to the stunning Gallery La Patinoire. But it's got much more to offer than what you would guess from that first glance.

Inside, the decor is decidedly minimal, consistent with the appearance of the gallery. Though the whole setting might feel a bit cold at first, this changes as soon as the girls warmly welcome you in, telling you what's on the menu. Changed every month, the menu is as appealing as it is eclectic. Coco bowls for healthy food addicts (15€) are followed by crispy breaded cutlets served with tagliatelle (18€), classic avocado toasts (13€), but also slow-cooked pork with tonnato sauce (17€). What matters most, says Maroussia, at the helm of the kitchen, is that Martine offers something for everyone. It does make things much easier, we have to admit, knowing you can come here with absolutely anyone. But the best this place has to offer is definitely a meal outside on their terrace, overlooked by a tree so big that you feel you're in a garden. It is also the perfect link to the Gallery, on the other side of the building. It's an ideal weekend destination, for a contemporary art exhibition followed by Martine's delicious brunch.

Marie Brisart

Des objets qui vivent
Objects that come to life

FR Depuis 2013, Marie Brisart tourne ses créations dans son atelier de potière à Hennuyères. Après avoir suivi des études d'illustration puis d'anthropologie, elle s'est spécialisée dans la création de vaisselle en céramique, tournée en petites séries. Aujourd'hui, on peut trouver ses magnifiques créations dans des restaurants comme Ötap et Le 203, ou venir les chercher directement chez elle.

EN Since 2013, Marie Brisart has been at her potter's wheel in her workshop in Hennuyères. After studying illustration and then anthropology, she specialized in ceramic tableware making; always produced in small series. Today, you can find her beautiful creations in restaurants such as Ötap and Le 203. Or you can drop by her workshop and buy some yourself.

FR **Tu peux nous en dire plus?**
J'aime faire ce travail à échelle humaine, en travaillant avec des gens qui ont un projet. J'aime quand ce que je fais est mis en valeur dans un restaurant par exemple. Ce que je trouve génial, c'est que tu travailles pour un projet global, pour un cadre, pour un décor; tu sais que ce que tu fais va être mis en scène. La richesse du travail artisanal, contrairement au travail artistique, c'est que les artisans fabriquent des choses pour être utilisées. Ce sont des choses qui vont vivre - la table, les assiettes, les couverts, les paniers - tout ça va vivre, va s'user, va se casser. Ce ne sont pas des œuvres d'art, ce sont des ustensiles de la vie de tous les jours. Et je trouve génial de fabriquer des pièces et de se dire «je sais pas trop ce qu'il va se passer, mais il va se passer plein de choses, et plein de gens vont manger dedans».

Ton adresse préférée à Bruxelles?
J'ai vraiment bien aimé Le 203. C'est une découverte incroyable, je trouve que Richard fait vraiment bien à manger, et qu'il arrive à mélanger plein de cultures dans sa nourriture. J'ai fait leurs assiettes, et c'est comme ça que je l'ai découvert. J'ai directement eu envie de me lancer dans ce projet, sans trop savoir ce que ça allait donner comme restaurant. Et je suis hyper contente parce que je l'ai fait au feeling. J'essaie de travailler comme ça. Une fois que je vois les gens, je sens tout de suite si ça va fonctionner ou pas. Et du coup, j'ai été manger chez eux quelques fois, et je trouve vraiment - on se le dit parfois Gaël et moi - que c'est un des endroits où l'on a le mieux mangé au monde.

Ton souvenir culinaire le plus marquant?
On adore le spaghetti bolognese. Ça peut paraître super bête comme ça, mais Gaël et moi, on s'est vraiment retrouvés là-dessus, c'est hyper festif pour nous. On essaie aussi de le faire un peu plus chic, avec du fenouil par exemple, pour dire qu'on fait quand même un plat un peu élégant. À la maison, on a décidé que tous les vendredis, c'est soirée spaghetti, et on dit aux enfants que le vendredi, on peut inviter du monde, mais on ne bouge pas. On essaie d'instaurer cette petite tradition en espérant qu'elle dure et que quand ils seront grands, ils pourront revenir le vendredi manger le spaghetti à la maison.

EN **Could you tell us more?**
I love doing this job, working with people on a specific project. I love it when my work gets highlighted in a restaurant, for example. It's fantastic when you work on an overall project, for a certain setting, knowing that your creations are going to be a part of it. What is great about craftwork, unlike artistic work, is that the things you make are made to be used. They're going to live - the table, the plates, the cutlery, the baskets - all of those items are going to live, get used, and break. They're not artworks, they're utensils made for everyday use. It's just great to create those pieces and think "I don't really know what's going to happen, but lots of things are going to happen, and lots of people are going to eat from my plates".

Your favorite place in Brussels?
I really love Le 203. It was an amazing discovery. I think that Richard is a great cook, inspired by lots of different cultures. I made their plates, and that's how I found out about them. I directly felt like following them into this project, without even knowing what kind of restaurant it was going to be. And I'm super happy because I just followed my intuition. That's how I try to work, most of the times. As soon as I see people, I can usually tell whether it's going to work out or not. I've been there several times, and I really think - sometimes Gaël and I say this - that it's one of the best places in the world for eating.

Your strongest food memory?
We love spaghetti Bolognese. It sounds super simple, but it's actually something that brought us closer, Gaël and I. It's like a party for us. We try to make it a bit more chic, adding fennel for example, so we can still say that it's somehow a fancy dish. We've made it a thing that, every Friday, it's spaghetti night at home. We tell the kids that they can have friends over, but they're not going anywhere. We try to make this a small tradition that, we hope, will last, and that when they're older, they'll know they can come by any Friday to have spaghetti at home.

Salade du jardin / *Garden salad*

Marie Brisart

Salade / *Lettuce*

Bettes rouges / *Red chard*

Betterave Chioggia / *Chioggia beetroot*

Épinards jeunes / *Young spinach*

Un oignon jeune / *A spring onion*

Arroche rouge / *Red arrach*

Fleurs de cosmos / *Cosmos flowers*

Fleurs de soucis / *Marigold flowers*

Fleurs de bourrache / *Borage flowers*

Pignons, sarrasin et graines de tournesol grillées / *Toasted pine nuts, buckwheat and sunflower seeds*

Huile d'olive / *Olive oil*

Sauce soja / *Soy sauce*

Ciboulette / *Chives*

Estragon / *Tarragon*

Paprika

FR Ce sont toutes des choses du jardin. On est un peu dans ce trip là pour le moment, parce qu'on a un potager, et qu'il faut manger nos légumes. Du coup, je n'achète plus et je fais avec ce qu'on a. Tous les jours, il y a des nouveaux trucs, c'est incroyable. Il y a de la salade tout le temps. Et on aime bien manger cru, parce que c'est plus facile, moins de chipotage. Donc là, j'ai vraiment pris tout ce qu'il y avait dans le jardin. Il y avait une betterave Chioggia, des bettes rouges, une salade, des feuilles d'épinards jeunes, un oignon jeune, de l'arroche rouge. Dans les fleurs, de la bourrache, des cosmos et des fleurs de soucis. Et on aurait pu mettre des fleurs de courgettes, il paraît que ça se mange aussi cru. Dans la vinaigrette, je mets de l'huile d'olive et de la sauce soja, et je rajoute de la ciboulette et de l'estragon. Et pour finir, j'ai rajouté des pignons de pin, du sarrasin et des graines de tournesol grillées.

EN They're all things from the garden. We're really into this right now, because we have a vegetable patch and need to eat our vegetables. I don't really buy things anymore, we mostly cook with what we already have. And every day there are new things, it's crazy. Like there's lettuce all the time. We love to eat raw, because it's easier, requires less work. So here I took everything I could find in the garden. There's a Chioggia beetroot, red chard, lettuce, young spinach leaves, red arrach. As for the flowers, there's borage petals, cosmos and marigold petals. And we could have also added zucchini flowers, apparently you can also eat them raw. And for the dressing, I used olive oil, soy sauce, chives and tarragon. And I also threw in some toasted pine nuts, buckwheat and toasted sunflower seeds.

65 Degrés

Restaurant gastronomique inclusif / *Gourmet restaurant run inclusively*

173 avenue Louise
1000 Bruxelles
+32 2 374 54 50
65degres.be

Lunch 3 services / 3-course lunch : 39 €

FR Derrière le nom, on devine sans trop de difficultés une allusion à l'œuf parfait, dont la cuisson extrêmement précise en aura fait un hit de la bistronomie. Rien ne laisse, par contre, deviner le fabuleux projet d'insertion sociale de ce resto pas comme les autres. Le chef Nicolas Titeux et son maître d'hôtel Massimo Pellegrino sont, en effet, secondés de six jeunes, en salle comme en cuisine, tous porteurs d'un handicap – trisomie 21 ou autisme. Inspirés par le restaurant Le Reflet à Nantes, les propriétaires du 65 Degrés ont entrepris la mission de former, d'intégrer et de mettre en valeur ces jeunes en les intégrant au premier plan d'une expérience gastronomique.

Côté carte, le chef prépare une fine cuisine de saison qu'il décline dans un lunch en trois services, avec toujours en option le fameux oeuf parfait, dont la recette change chaque semaine. En salle, Massimo accompagne l'équipe, ravie de servir les clients avec le plus grand professionnalisme et le plus radieux des sourires. Jamais un service n'aura été aussi sincère, une assiette déposée avec autant d'attention, et un « c'était délicieux » pris aussi à cœur. Le lunch est un sans faute. L'œuf parfait accompagné d'une mousse de lentilles est une belle réussite, tout comme le carpaccio de Saint-Jacques, crème de citron, ricotta fumée et cresson.

En cuisine, les rires fusent, mais le sérieux revient dès que le personnel fait un pas en salle. Marie-Sophie, la caïd de la bande, intriguée par notre matériel, nous demande à être prise, elle aussi, en photo. Aussitôt demandé, aussitôt fait. On quitte le restaurant le sourire aux lèvres, avec l'impression d'avoir passé un moment privilégié, hors du temps. Une chose est sûre, on ne ressort pas indemne du 65 Degrés.

EN What's in a name? Any alert foodie will immediately know what is associated with 65 Degrés: the perfect egg, slowly cooked at 65 degrees. What's not so obvious, however, is the wonderful social inclusion project behind this unique restaurant. Chef Nicolas Titeux and his manager Massimo Pellegrino work with a team of six, all with a mental handicap: trisomy 21 or autism. Inspired by Le Reflet restaurant in Nantes, the four owners of 65 Degrés have made it their mission to train and socially include these handicapped young adults by bringing them to the forefront of a true gourmet experience.

In the kitchen, the chef prepares a three-course lunch menu – with the perfect egg always among the starters. Massimo is in charge of the rest of the team as they wait on the tables like pros, always with the brightest of smiles. Never have we had such sincere waiters, never were our plates placed on the table with such care or our comments received with such attention. The lunch itself is an outstanding success from start to finish: the delight of that delicious perfect egg served with coral lentil mousse and mild curry, or the scallop carpaccio with lemon cream, smoked ricotta and watercress – light as air.

As we eat, laughter can be heard coming from the kitchen, but as soon as any team member steps out, their faces are serious and professional again. Marie-Sophie, clearly the leader of the gang and intrigued by our photo gear, asks us to take her picture. No sooner said than done. We leave the restaurant with a big smile on our faces, with the privileged feeling of having taken time out from our hectic lives. One thing's for sure, something in you changes after a lunch at 65 Degrés.

APEROL
SPRITZ
APEROL
SPRITZ

Al Bacio

Pizzeria

119 rue Américaine
1050 Ixelles
+32 470 34 15 68
Réservations / Booking whatsapp

Pizza : 8€ – 19€

FR La première chose qui nous frappe chez Al Bacio, c'est la musique. Dur de faire autrement, quand les basses de Mambo N°5 résonnent dans toute la rue. À l'intérieur, les serveurs et le pizzaiolo se déhanchent dans la salle presque entièrement vide – toutes les tables ont été sorties sur la terrasse – et on a envie de faire pareil. Les guirlandes disco de toutes les couleurs, détail immanquable du resto, trônent dans un coin en attendant leur moment de gloire en fin de soirée.

On observe quelques instants le pizzaiolo travailler la pâte avant de prendre place à l'extérieur avec un verre de Nebbiolo (8€). Giovanni et Claudio, les deux associés, sont tout deux originaires des Pouilles. Leur sélection de vins au verre – Primitivo des Pouilles mais aussi Montepulciano et Nebbiolo du Piémont – a un rapport qualité / prix qui défie toute concurrence. Côté carte, c'est une pâte à pizza traditionnelle des Pouilles que l'on prépare ici, avant de cuire chaque pizza dans un grand four à bois. À l'inverse de la pâte napolitaine, moelleuse et gonflée sur les bords, la pâte à pizza des Pouilles est fine et croustillante, et ressemble plus à la pizza romaine. À la carte, une vingtaine de pizzas, et en suggestion, trois pizzas qui changent régulièrement – sauf la pizza mortadelle, burrata, pistache, devenue un classique de la maison. Impossible de passer à côté. On commande également une délicieuse pizza bresaola (16€), roquette et grano, ainsi qu'une tagliere misto. Tous les produits sont importés des Pouilles, sauf la mozzarella de la pizza, qui vient quant à elle de Naples. À quelques rues à peine, Al Bacetto a rejoint la famille et accueille désormais les clients n'ayant pas pu trouver de table chez Al Bacio. Un incontournable.

EN The first thing we notice at Al Bacio is the music. It's hard not to, as Mambo n°5 is playing so loud it can be heard right down the street. Inside, the waiters and the pizzaiola are dancing in the almost empty restaurant – all the tables and chairs have been put outside on the terrace – and we just want to join them. The colorful little disco lights, a detail crucial to the essence of the place, are waiting in a corner for their time to shine – probably later that same night.

Before sitting down outside to a delicious glass of Nebiolo (8€), we catch a glimpse of the pizzaiolo working the dough. Giovanni and Claudio, the two business partners, both come from Puglia, in the South of Italy. Their selection of wine by the glass – Primitivo from Puglia but also Montepulciano and Nebbiolo from Piedmont – defy all competition. Next to the twenty pizzas available on the menu, a selection of three suggestions changes weekly – except for the mortadella, burrata and pistachio pizza (16€), which has become a classic. Impossible to miss out on it. We also order another suggestion, a delicious bresaola pizza with grano and arugula (16€), and a tagliere misto. All the producc is imported from Puglia, except for the mozzarella used for the pizzas, imported straight from Naples. Just a few streets away, Al Bacetto has now joined the family, welcoming customers who can't get a table at Al Bacio, one of the best pizzerias in town.

Bistro Madame

Cuisine de saison & vin nature / *Seasonal cuisine & natural wines*

41 rue Veydt
1050 Ixelles
+32 2 259 26 27
facebook.com / veydt

Plats / Mains : 15 € – 25 €

FR On connaissait déjà Marion du Petit Canon. Après s'être associée à Stéphanie et avoir dédié 6 années à notre bar fétiche, il était temps pour Marion de mettre les voiles. Au Petit Canon, on la trouvait notamment derrière les suggestions du jour, burratina et autres bruschettas au pesto d'artichauts maison. Chez Bistro Madame, c'est toute la cuisine qu'elle investit cette fois. Avec son mari Fatogoma, regretté sous-chef de Kitchen 151, ils proposent au Bistro Madame une cuisine de saison aux influences méditerranéennes, soulignée d'une jolie carte de vins natures. Une petite équipe qui sait donc exactement où elle va et ce qu'elle fait, et qui le fait même très bien. Et pour être tout à fait honnête, on n'en attendait pas moins.

S'il a des airs de petit bistro de quartier avec ses murs vert bouteille, le Bistro Madame est surtout bourré de charme. Une décoration toute simple, savamment rehaussée de quelques détails. Un joli miroir doré et quelques photos de famille sur un mur, des petites appliques vintage sur un autre, des tables et des chaises en bois et un magnifique comptoir en Terrazzo aux éclats de marbre vert.

Dans l'assiette, c'est sur la même lignée. On se régale de moules gratinées à l'ail, au pesto et au parmesan (10 €), d'un dos de cabillaud parfaitement cuit (20 €) et d'un bœuf avec une délicieuse sauce Chimichurri et purée de chou-fleur (25 €). Dans nos verres, un Champêtre 2015 de chez Titulus (5,60 € le verre), et avec le café, quelques brisures de chocolat garnies d'amandes effilées et de fleur de sel. Un coup de cœur, ni plus ni moins.

EN Marion was not an unknown face. We had already gotten to know her at Le Petit Canon, our favorite bar, where she had teamed up with Stephanie for six years before feeling it was time to move on. At Le Petit Canon, she was already the one behind the blackboard full of delicious suggestions, like the burratina with fresh peas or the delicious homemade artichoke dip. At Bistro Madame, she's now got a whole kitchen to play with. Working with her husband Fatagoma, ex and dearly missed sous-chef of Kitchen 151, Marion now serves seasonal dishes with Mediterranean touches, underlined by a list of natural wines. The small team knows exactly where they're heading, and what to do to get there. And to be completely honest, we weren't expecting anything less from them.

Though the restaurant reminded us of a small corner bistro with its bottle-green walls, Bistro Madame is a charming place to be. The decor is quite sober, but cleverly enhanced with subtle details that make all the difference. A gilt mirror and family photos on one wall, vintage lamps and a poster on the other, wooden chairs and tables and a stunning terrazzo counter with bursts of green marble.

Our dishes matched the setting. We just loved the mussels with garlic, pesto and parmesan (10 €), the cod cooked and seasoned perfectly (20 €), and the beef with homemade Chimichurri sauce (25 €). All washed down with a Champêtre 2015 from Titulus (5.60 € a glass). Rounding off the meal, our coffee came with dark chocolate pieces covered in almond flakes and fleur de sel. Simply heaven.

NAPOLI

PELLEGRINO

Fico

Osteria & pizzeria

118 rue Américaine
1050 Ixelles
+32 2 241 41 41
ficosteria.be

Pizza: 12€ – 18€

FR Fico, c'est la suite de l'histoire de la famille Bruno. Arrivée de Sicile dans les années 70, celle-ci est directement plongée au cœur de la restauration italienne à Bruxelles. Si l'on connaît bien le fils Giovanni, célèbre chef du restaurant étoilé Senzanome – c'est l'histoire de sa sœur que l'on souhaiterait raconter ici. Associée pendant 25 ans au Senzanome, avec d'abord sa maman puis son frère, Nadia est désormais à la tête d'un second projet: Fico.

Et c'est bien la même philosophie du bon produit que l'on retrouve ici. À la carte, c'est pizza, pasta et antipasti. Et partout dans le resto, on a réuni le meilleur de la Sicile; des produits frais – comme la salsiccia ou la fior di latte –, jusqu'aux magnifiques carrelages qui ornent les murs. Seule dérogation à la règle: le pizzaiolo bien évidemment, originaire quant à lui de Naples.

Le chef travaille des recettes «que nous ne prenons plus le temps de préparer chez nous», et qui demandent un réel travail et savoir-faire. On a simplement adoré le Vitello Tonato (17€) – ici cuit à basse température et accompagné d'une mayonnaise anchois et thon montée au siphon, et d'une incroyable confiture de citron et de câpres. Tout comme la caponata (13€) – où les artichauts remplacent judicieusement les aubergines en hiver – un petit bonheur. Côté pizza (de 12 à 18€), on retrouve nos produits fétiches – salsiccia, cime di rapa, provola, n'duja, crema di pistachio et beaucoup d'autres – sur une délicieuse pâte aux trois farines qui a levé pas moins de 30 heures. Quant au tiramisu, disons seulement qu'il serait vraiment dommage de passer à côté. Ce n'est pas seulement une pizzeria mais un excellent restaurant italien que l'on a gagné au Châtelain.

EN Moving from Sicily to Brussels in the late 70's, the Bruno family plunged straight into the Italian restaurant business. Giovanni, the son and now famous Michelin-starred chef at Senzanome, started out working alongside his mother and sister Nadia, before making a reputation for himself. But our focus here is on Nadia. After 25 years at Senzanome as co-founder and business partner, Nadia set up shop on her own. The result is Fico.

Fico is run with the same Bruno family principle: ingredient quality is always key. The menu lists pizza, pasta and antipasti, with everything in the restaurant featuring the best Sicily has to offer – from the freshly imported fior di latte and salsiccia to the beautiful ceramics covering the walls. The only exception: the pizzaiolo, from Naples of course.

The chef uses his know-how and experience to prepare "the dishes that we don't take the time to make for ourselves anymore". We simply loved the Vitello Tonato (17€) with its airy anchovy and tuna mayonnaise and incredible candied lime and capers jam. The caponata (13€) was just as delicious, cleverly made with artichokes - replacing eggplants during the winter months. On the pizza side (from 12€ to 18€), we found all the ingredients we'd ever look for on a pizza – salsiccia, cime di rapa, provola, fior di latte, n'duja, crema di pistachio and many more – spread out on a delicious dough made with three different kinds of flour and laid to rest for over 30 hours. And as for the tiramisu, let's just say you should try it for yourself. But one thing's for sure, Fico is definitely more than an excellent pizzeria.

Le Bout de Gras

Restaurant canaille / *Bistronomic restaurant*

89 rue Américaine
1050 Ixelles
+32 488 16 00 12
leboutdegras.be

Plats / Dishes : 18 €- 45 €

FR Le légume préféré de Laurent, me dit son serveur, c'est le lard. Ça nous fait sourire et ça donne le ton. Vu le nom du resto, on n'est pas vraiment étonnées. Sur l'ardoise accrochée au mur, sous les plats du jour, est inscrite la phrase « J'boirais du lait quand les vaches mangeront du raisin ». On ne s'était pas trompées. Le Bout de Gras est une adresse 100 % plaisir, loin des diktats healthy d'aujourd'hui. Ici on mange gras, parce que c'est bien connu, le gras, c'est la vie. Quant au vin, pas de surprise : il est excellent, parfois même très rock 'n' roll, et coule à flot, pour venir compléter le tableau.

Avant d'ouvrir sa propre enseigne, Laurent était en cuisine au Tournant, où déjà à l'époque, il régalait les clients de cassoulet et de plats mijotés de la Réunion, bien de chez lui. Maintenant qu'il a son propre resto, le cassoulet créole (23 €) figure toujours à la carte, entouré cette fois d'une tuerie de bœuf Holstein maturé, d'araignée de bœuf super fondante, de maquereau au caramel, et surtout, de croquettes de pied de porc (10 €). Hit du resto, celles-ci n'ont pas bougées de la carte depuis l'ouverture, au plus grand bonheur des clients. Aller manger au Bout de Gras sans les essayer, ce serait passer à côté de l'essence de la cuisine de Laurent. Sur la carte des vins, une illustration du chef, nu, se régalant de raisins, façon gréco-romaine. Les détails ne manquent pas pour nous rappeler qu'ici, on n'est pas là pour se prendre au sérieux. Le service est dans le même ton, et on hésite presque à emmener la serveuse avec nous boire des coups, tellement elle a été sympa durant la soirée. Une adresse canaille qui nous offre le meilleur d'elle-même.

EN Laurent's favorite vegetable, says the waiter, is bacon. This had us smile as soon as we walked in, and it immediately set the tone. We're not really surprised though, as the name literally translates into "the piece of fat". On the blackboard on the wall, below the specials, a quote says "I'll be drinking milk when cows start eating grapes". We weren't mistaken. Le Bout de Gras is all about pleasure, miles away from the healthy trend we're living in today. Here, we eat fat food, because, let's not kid ourselves, food is simply better when it's got a bit of fat to it. As for the wine, the selection is natural, rock 'n'roll to say the least, and simply excellent.

Before opening his very own restaurant, Laurent was already feeding customers with creole stews at Le Tournant, with recipes from his home in La Réunion. Now with his own place, the cassoulet créole (23 €) is still on the menu, along with a mind-blowing Holstein beef carpaccio, delicious matured rib steak, caramel mackerel with pickled veggies, and most importantly, pig foot croquettes (10 €); the hit of the house. They haven't come off the menu since the opening, to the greatest satisfaction of customers. Dinner at Le Bout de Gras without them would clearly be missing out on the essence of the restaurant. On the wine list, there is an illustration of the chef, naked, stuffing himself with grapes, the Roman way. Every detail here reminds us we shouldn't take ourselves too seriously. Even the waitress, so fun and laid-back, makes us feel as though we've been friends for years. A restaurant clearly giving the best they have to offer.

Ma Jolie

Comptoir de quartier / *Seasonal bistro*

177 chaussée de Charleroi
1060 Saint-Gilles
+32 2 319 74 27
majolie.brussels

Plats / Mains : 15 € – 29 €
Brunch : 6 € – 17 €

FR C'est l'accueil qui nous aura le plus touchées chez Ma Jolie. L'adresse a pourtant beaucoup d'autres choses pour plaire: une énorme terrasse parfaitement exposée, une carte éclectique et de saison, des vins natures de chez Titulus, du pain de Chez Renard, et tout une panoplie d'autres chouettes produits qui font la différence. Mais c'est le sourire et les bons conseils des serveuses et de Ludivine, la patronne, qui auront fait la différence. Après avoir tenu quelques grands restos à Paris, c'est Bruxelles que Charles, le chef, et sa femme Ludivine choisissent pour ouvrir Ma Jolie, un comptoir de quartier où on se sent comme à la maison. On goûte à leur salade de bœuf thaï: un bœuf mi-cuit façon tagliata accompagné d'une tonne d'herbes fraîches (17€). Une surprise à chaque bouchée, nous dit la serveuse. On confirme; le bœuf est cuit à la perfection, c'est frais et c'est très très bon. Avant ça, stop obligatoire par l'étape Burrata, crémeuse comme jamais. Ludivine nous raconte qu'ils se font livrer toutes les semaines par Van Tricht, un petit producteur à Anvers qui leur en réserve un nombre limité. On se sent d'autant plus privilégiées.

Dans nos verres, un Tam Tam, un rouge plein de fruits et de fraîcheur, et un Riesling Vieilles Vignes, sec et minéral. Deux bombes de vins natures fournis par Titulus. À l'intérieur, la déco est sombre et colorée. L'omniprésence du velours et les petits objets chinés nous font penser à un boudoir, ou encore à un bar à cocktails, à la fois chaleureux et intimiste. On apprend d'ailleurs que le vendredi et le samedi, un barman prend possession du bar pour offrir ses cocktails signatures aux clients (challenge du barman à 14€). L'endroit parfait pour un joli date.

EN What thrilled us most when eating at Ma Jolie was the extremely warm welcome we got from the team. Don't get us wrong, there are plenty of other reasons to love Ma Jolie: their huge sunny terrace, their seasonal menu, natural wines from Titulus, bread from Chez Renard and plenty of other interesting produce that make the difference. But for us, the bright smiles and perfect service given by the waitresses and Ludivine, the owner, clearly made the difference. After running a couple of high-end restaurants in Paris, Charles, the chef, chose Brussels to open Ma Jolie, together with his wife Ludivine. A feel-good restaurant where customers would feel at home straightaway.
We tried their Thai beef salad (17€), the hit of the house. Rare beef sliced like a tagliata and served with tons of different fresh herbs, sweet sauce and peanuts. Different flavors in each bite, said the waitress. We couldn't agree more.
The beef was cooked to perfection, the salad simply delicious. But before that, we made the compulsory burrata stop, testing its creaminess. It was perfect. Ludivine explained that they get a limited number delivered each week from Van Tricht, a small cheese supplier based in Antwerp. We felt all the more privileged.

While we ate, we sipped Tam Tam, a fruity and fresh red, and a Vieilles Vignes Riesling, dry and mineral, both of them great natural wines from Titulus. Inside, the interior is dark and colorful. The velvet seats and the numerous beautiful objects collected from flea markets reminded us of a boudoir or cocktail bar, cozy and intimate. It's simply the perfect spot for a date night, or a weekend cocktail when their mixologist takes over the bar (barman's challenge 14€).

Old Boy

Bistrot asiatique / *Asian bistro*

110 rue de Tenbosch
1050 Ixelles
+32 2 544 15 55
oldboyrestaurant.be

Petits plats / Small plates : 6 € - 14 €

FR Pour John et Xavier, le concept de petits plats à partager était clé dans la conception d'Old Boy. Tous d'eux d'origine eurasienne, ils avaient envie de retrouver les petits plats des rues de Bangkok ou des night markets de Taipei dans leur première adresse. Fans de food, mais surtout, fans de bien manger, de bien boire et de prendre du plaisir. C'est ça qui a axé la conception d'Old Boy.

Au départ, c'était les petits plats. Ensuite est venue la musique. Chill en journée, forte le soir avec des gros sons des années 90 ; de quoi faire jubiler la clientèle trentenaire d'Ixelles. Ensuite est venue l'archi. Conseillés par Lakhdar, ils ont fait appel à Jean-Michel de Haan, déjà connu pour les projets ultra-réussis de Gazzetta ou Notos – entre autres. Chez Old Boy, on mange au comptoir ou on s'attable aux petites tables en marbre vert. L'énorme bar, surplombé d'un grillage serpentant à travers le plafond, structure l'espace à lui tout seul. Dans les toilettes, la lumière bleue fait perdre toute notion des couleurs et la voix de 50 Cents résonne dans nos oreilles. On se croirait à Londres, à Los Angeles ou à Paris, mais on a du mal à croire qu'on est à Bruxelles.

Ensuite, vient le vin. Alexis, sommelier autodidacte, a été la première personne à rejoindre le projet, et a champ libre sur la carte. Ça donne une superbe sélection axée sur le nature, avec de gros coups de cœur sur les vins orange. Et les petits plats ? Bao au tofu comme à Taiwan, salade de poulet haché comme en Thaïlande, nouilles au bœuf et à la pâte de piment comme en Chine. Une petite dizaine de plats à partager tout au plus, changeant régulièrement. C'est super bon, et super inspiré. Bref, on adore, et on revient (très) souvent. Notre adresse du moment.

EN The concept of small dishes to share was key for the founders, John and Xavier, when opening Old Boy. Both with Eurasian origins, they wanted to offer the same sharing experience you'd find in the streets of Bangkok or in Taipei's night markets. As food lovers, what they value most is the joy of drinking and eating out. It is with all of that in mind that Old Boy opened in 2019, the first venue of the two.

It all started with small dishes. Then came the music. Laid-back during the day and louder at night, with playlists from the 90's delighting customers. Then came the interior project. Advised by Lakhdar, they called in Jean-Michel de Haan, already known for his brilliant interior renovations at Gazzetta or Notos, to just name a couple. At Old Boy, you can eat at the counter or take a seat at one of the small green marble tables by the windows. The highlight: a snake-like fence overhanging the massive green marble bar.
In the restrooms, the blue light make you lose your whole sense of color, while the super loud music makes you think you're in a club. This could be London, L.A. or even Paris. It's hard to think it's actually Brussels.

Then came the wine. Alexis, a self-taught sommelier, was the first to join the team. The result of their collaboration is a beautiful wine selection, featuring mostly natural wines, including some fantastic orange wines. As for the small dishes, we had amazing Taiwanese tofu bao, Thai minced chicken salad and spicy Chinese beef noodle. Around 10-12 small dishes are available on the menu, changing regularly. The food is simply excellent.
In short, we love this place, and go back (very) often. Definitely our go-to restaurant of the year.

Osteria Romana

Osteria italienne / *Italian osteria*

11 avenue Legrand
1000 Bruxelles
+32 2 648 13 95
osteriaromana.be

Menu 4 services / *4-course menu*: 75€

FR Petite pépite de l'avenue Legrand, l'Osteria Romana est longtemps restée un secret bien caché, même pour nous. S'il est vrai que cette osteria italienne se situe plutôt dans la moyenne élevée des prix à Bruxelles, le cadre, la qualité des produits et la présentation des plats, en valent franchement la peine. Trois pièces en enfilades, des hauts plafonds, des colonnes et du carrelage d'origine pour commencer. Des couleurs sombres pour suivre, et tout un tas d'objets qui donnent l'impression d'avoir pénétré dans l'antre d'un antiquaire. Une machine à coudre d'époque, un bar rempli de verres en cristal et des papillons encadrés posés dans une bibliothèque à l'ancienne. Le resto est tout simplement bourré de charme.

Côté carte, on se laisse guider par les conseils du chef, Filippo La Vecchia. Et c'est là que les surprises commencent. Le fromage du Piémont est apporté sur un petit piège à souris en bois, les artichauts frits à la juive sur une branche de vigne, et les petites soupes de lentilles et saucisson Wagyu dans de jolis bols en céramique imitant à la perfection des squelettes d'oursins. Les olives, cachées dans une fumée de romarin, ajoutent la touche de magie finale. Suivent un carpaccio de bœuf Wagyu (30€) et une carbonara servie dans la poêle, encore fumante. On aime tout particulièrement l'idée de pouvoir commander cette dernière au poids, pour les petites ou énormes faims, ou tout simplement par gourmandise (entre 12 et 50€, de 50 à 250g).

Après avoir passé quelques années à Osaka, Filippo a parsemé çà et là son menu de petites touches japonisantes, à coup de bœuf Wagyu, d'edamame ou même de bœuf de Kobe. Une raison supplémentaire de franchir la porte de l'Osteria.

EN For five years, Osteria Romana remained a well-hidden secret to us before we paid them a visit. Though prices at this Italian osteria are clearly on the expensive side for Brussels, the setting, the quality of the ingredients and the presentation of the dishes definitely make up for the bill. Let's start with the decor. Three rooms with high ceilings, columns and original Brussels tiles on the floor. Dark colors on the walls, and sufficient vintage objects to make you think you've stepped into an antique shop. A vintage sewing machine, a bar full of crystal glasses, framed butterflies inside an old bookshelf – all contribute to making this restaurant so charming.

Then, the food. Deciding to let the chef, Filippo La Vecchia, guide us, that's when surprises started to arise. The cheese from Piemonte was brought to our table on a little wooden mouse trap, the fried artichokes on a vine branch and the lentil and Wagyu soups in beautiful ceramic bowls, imitating sea urchin shells to perfection. The olives, hidden in dense rosemary smoke, were the last touch to this magic set of starters. At that point, we were already truly impressed. Then came the Wagyu beef carpaccio (30€) and pasta carbonara served in the pan, hot and steaming. We particularly loved the fact that they let you order the carbonara by weight, depending on your hunger (from 12€ to 50€, from 50 to 250g). After spending a few years in Osaka, Filippo has made it a habit to add Japanese touches to his Italian dishes – with Wagyu beef, edamame beans or even Kobe beef amongst the ingredients. Another reason to step into Osteria Romana.

Primo

Pâtes fraîches / *Fresh pasta*

175 chaussée de Vleurgat
1050 Ixelles
+32 2 245 09 55
facebook.com/primobrussels

Brunch le dimanche / Sunday brunch : 22 €
Pâtes fraîches / Fresh pasta : 10 € – 15 €

FR Avant d'être accueillies sur la petite terrasse jaune citron par Mario, on savait seulement qu'il s'agissait d'un resto italien de pâtes fraîches. Sur le menu, on découvre rigatoni, mafalde, casarecce, pappardelle, spaghettis alla chitarra – des spaghettis légèrement plus épais, dont la section carrée permet de mieux absorber la sauce –, et même, des raviolis. On ne s'était pas trompées, tous les classiques des pâtes fraîches sont là.

Notre attention s'attarde ensuite sur les recettes, un peu moins tradis quant à elles. Les spaghettis alla chitarra façon caccio peppe aux cœurs d'artichauts croustillants (12,5 € – 14,5 €) nous font de l'œil, tout comme la Carbomare (15 € – 17 €), qui n'a finalement de la carbo que le jaune d'œuf, accompagné ici de poutargue et de cabillaud frit. On n'a même pas encore jeté un œil aux entrées qu'on ne sait déjà plus où donner de la tête. On tranche finalement pour la Carbomare, plus légère qu'une carbo, avec une sauce tout aussi enrobante et le goût iodé de la poutargue. Un gros coup de cœur. On déguste avec autant de plaisir les casarecce au pesto de pistaches, tomates cerises confites et burrata (14 € – 16 €). Le chef a des origines siciliennes et romaines, et quant à Mario, le patron, il est originaire des Pouilles. C'est une cuisine sans frontières italiennes dont on se régale chez Primo, avec ce petit twist en plus dans les recettes qui fait qu'on ne s'ennuie pas. À l'intérieur, une fresque de l'artiste Nina Minembo représente les premiers graffitis retrouvés à Rome, et au fond, un jardin bien caché se prépare à accueillir les clients pour les beaux jours. On est tellement emballées qu'on reviendra le week-end suivant, goûter le brunch à coups d'antipasti, de pâtes fraîches et de cannoli.

EN Before grabbing a seat on the bright yellow terrace for the very first time, all we knew about this place was that it served fresh Italian pasta. Looking through the menu, we discovered dozens of pasta dishes, made from rigatoni, mafalde casarecce, pappardelle, spaghetti alla chitarra – slightly thicker than regular spaghetti, absorbing the sauce all the better –, and even ravioli. We weren't mistaken, every type of fresh pasta seemed to be on the menu.

Then we had a closer look at the recipes. The caccio e peppe spaghetti alla chitarra with fried artichokes (12.50 € – 14.50 €) caught our attention, as did the Carbomare (15 € – 17 €) – with only egg yolk in common with a traditional carbonara –, paired with bottarga and fried cod. We hadn't even had a proper look at the starters yet, and already our excitement was overwhelming. We finally decided to go for the Carbomare, lighter than a regular carbonara, with a perfect consistency in the sauce and amazing flavors brought by the bottarga. A must-try if you ask us. We also adored the pistachio pesto casarecce, with its roasted cherry tomatoes and super creamy burrata (14 € – 16 €). The chef has both Sicilian and Roman origins, whereas the owner, Mario, is from the region of Puglia. The recipes used at Primo are clearly not confined to a specific Italian region, and all have that extra little something that makes every dish more interesting. Inside the restaurant, a wall painting by the artist Nina Minembo represents the first ever graffiti found in Rome, while at the back, a lovely hidden garden is there to welcome customers in the summer months. We were so thrilled about this opening that we were back just two days later, sampling their amazing full-Italian brunch with antipasti, fresh pasta and cannoli.

FRESCA
NEGRONI
UOVO
LIMONE

Seino

Fine cuisine franco-japonaise / *Japanese-inspired French cuisine*

81 rue du Mail
1050 Ixelles
+32 2 538 84 76
seino-restaurant.be

Lunch : 22,50 €
Menu 5 services / 5-course tasting menu : 55 €

FR La première fois qu'on a découvert Seino, on a surtout retenu l'incroyable vin nature et la découverte du véritable saké. C'était un dîner entre amis, la cuisine était excellente et parfaitement exécutée, mais elle nous avait semblée fort classique pour ce restaurant portant un nom japonais. La deuxième fois, c'était lors d'un lunch où technique française et saveurs japonaises se mélangeaient si justement qu'il aurait été difficile de passer à côté. Seino, le chef japonais, a fait l'école hôtelière française – au Japon. Après avoir travaillé chez Bernard Loiseau, Bruneau ou Alexandre Couillon, il ouvre enfin son propre établissement en plein cœur d'Ixelles. Mais pas question de cuisiner uniquement japonais, comme tous les autres restos japonais de la ville. S'il a fait tout ce parcours, c'est pour pouvoir offrir aujourd'hui une cuisine gastronomique française, en y glissant ci et là des touches japonaises. Et quand ses plats ont clairement une prédominance japonaise – comme le délicieux poulet Karaage de notre lunch – il ne manque jamais d'y glisser une touche française. Et c'est là-même l'essence de toute sa cuisine.

Lors du lunch (22,50 € pour trois services et café), on a eu l'occasion de goûter à 7 préparations différentes proposées sous forme d'otsumami, de quoi se faire une véritable idée de ce qui nous attendait. Ce fut une véritable série de petites explosion gustatives : œuf de caille basse température et bouillon dashi, maatjes et fruits de wasabi, bulot au saké, aubergines confites, saumon frit puis lacto-fermenté... On en a encore la tête qui tourne. On a accompagné ce fabuleux repas de vin nature plutôt Rock 'n'roll et de saké, scrupuleusement choisi par Milan, pour notre plus grand bonheur.

EN What do we remember most of that first time we ate at Seino? The incredible natural wines and discovering real sake. It was a dinner with friends, the food was simply excellent and superbly prepared, but it seemed very classic for a restaurant carrying a Japanese name. The second time, we went for lunch. French techniques were perfectly balanced with Japanese flavors, really underlining their concept this time. Seino, the Japanese chef, studied at a French cooking school – in Japan. After working at Bernard Loiseau, Bruneau and Alexandre Couillon, he finally opened his own restaurant in the heart of Ixelles. And cooking only Japanese food is definitely not an option. His whole background and experience is reflected in his ability to prepare gourmet French cuisine, enhanced with Japanese touches. Or the other way round: when his dishes are clearly Japanese – like the delicious Karaage chicken we had – he never misses a chance to upgrade them with French twists. And that is the essence of his cuisine.

For our lunch (22.50 € for 3 courses + coffee), we had 7 different preparations served as otsumami for the first starter. A perfect way to discover Seino's work and inspirations in just one dish. And it was literally a series of flavor explosions: slow-cooked quail egg in dashi broth, maatjes with wasabi fruits, whelk with sake, fried eggplants, lacto-fermented salmon... We still have vivid flashes of colors and taste just thinking about it. And to top it all, Milan, the sommelier, helped us pair this fabulous lunch with natural wine, quite rock 'n' roll to say the least, and amazing sake.

Tero

Petits plats à partager / *Small dishes to share*

1 rue Saint-Bernard
1060 Saint-Gilles
+32 2 347 79 46
tero-restaurant.com

Plats à partager / Dishes to share : 8 € – 16 €

FR Ce sont trois raisons qui nous ont poussées à franchir la porte du Tero de Bruxelles. La première, était l'envie de goûter à la cuisine d'un établissement au succès déjà bien connu à Bierges, – travaillant uniquement en bio avec sa propre ferme. La deuxième, leur concept de carte – de petites assiettes à partager – qui envahit tout doucement la capitale, avec des enseignes comme Humphrey, le Crab Club, Ötap, Old Boy, et dont on ne peut que se réjouir du développement. Et finalement, l'endroit. Le restaurant est gigantesque, comme on aurait l'habitude d'en voir à Londres ou à New York, avec des espaces magnifiques, une circulation pensée sur mesure, et une décoration parfaitement aboutie. C'est aérien, lumineux et cosy en même temps. Bref, ça en jette.

Côté carte, beaucoup de préparations de légumes, chaudes et froides, et quelques plats de viandes et de poissons. Finalement, on est plus convaincues du côté carnivore, avec un médaillon de rousse de Lustin à la sauge et au potimaron (13 €), savoureux et parfaitement cuit et un délicieux maquereau fumé maison accompagné d'un granité de sorbet d'olive verte (14 €). Les palourdes sont quant à elles délicieuses, mais manquent d'un petit quelque chose en plus. On termine par une mousse au chocolat noir vegan (8 €) qui clôturera très joliment le tout. Une texture aussi dense que celle d'une ganache, sans œuf ni lactose, mais avec le goût intense du chocolat. On est véritablement scotchées.

EN There were three reasons which got us to book a table at Tero Brussels. First, the simple fact that they were already known to be a successful venue in Bièrges, cooking mostly with ingredients from their very own farm. The second is their menu concept which we just love: those small dishes to share which are slowly taking over Brussels, as seen in such restaurants as Humphrey, Crab Club, Old Boy or Ötap – a development we are genuinely thrilled about. And last but not least, the place itself. It's gigantic, more like a place you'd see in London or New York, full of natural light and with a stunning decor. Huge yet cozy, we just loved it.

Food-wise, they have plenty of veggie suggestions, both hot and cold, though we were definitely more convinced by their meat and fish dishes. The Lustin poultry with sage and pumpkin (13 €) was a great success, really tender and full of flavors, while the home-smoked mackerel with olive sherbet (14 €) was delicious. The clams were really good as well, though they were lacking that little something in the sauce. We finished our lunch with a vegan dark chocolate mousse (8 €), with a texture so dense that it almost felt like a ganache, made without either eggs or milk but with that intense flavor of dark chocolate. A very impressive dessert that left us speechless.

Jane's

Bar de quartier / *Wine bar & more*

393 chaussée de Waterloo
1050 Ixelles
+32 2 851 10 39
facebook.com/JaneBrussels

FR « À Bruxelles, c'est rare de trouver un bar avec une chouette ambiance, qui propose à la fois du bon vin. À croire qu'il faut être bar à vin ou bar tout court, avec uniquement à sa carte le mauvais vin du patron. » C'est ce que nous dit Jane, la propriétaire de Jane's, en nous expliquant la philosophie de son bar à vin, mais pas que. Du bon son dans les oreilles, une ambiance feutrée et chaleureuse et une carte de vins qui ferait concurrence à n'importe quel bon caviste, voilà ce que l'on trouve chez Jane's. Un vrai bar, où l'on vient se poser après le boulot pour un verre ou le week-end jusqu'à pas d'heure, et où l'on se délecte de bières de petites brasseries comme de vins bio de Yann Bertrand ou encore de saké au yuzu de chez Titulus. C'est que Jane a mis la barre haute. Fondatrice et DJ résidente de la Catclub, le choix de la playlist est primordial dans son bar. On viendra d'ailleurs le jeudi écouter les playlists de personnalités bruxelloises – Jean-Paul Lespagnard, Sold Out et j'en passe – tout en buvant un verre de Cuvée du Chaos (45€ la bouteille), le coup de cœur de la patronne.

Côté carte, c'est le même focus sur la qualité. Les vins – natures ou bio en bonne partie – sortent des sentiers battus. Quand elle ne se rend pas elle-même en Bourgogne, dans le Jura ou encore dans le Languedoc, Jane travaille avec Taste Affair ou encore Terre aux Vins. Côté apéro, ce sera plutôt scamorza fumée, ou Taralli – de petits biscuits salés aux graines de fenouil –, sans doute l'influence de sa copine italienne, nous dit-elle.

Jane's c'est un peu tout ce qu'on aime; un vrai bar de quartier qui ne fait aucun compromis sur la qualité.

EN "It's rare to find a cool bar with a good wine list in Brussels. It's almost as if you'd either have to be a specialized wine-bar or just a bar, and in that case serve very bad house wine". This is what Jane, the owner, told us when trying to explain the bar's philosophy. Great music, good vibes and a wine list that would compete with any great wine shop; that's what you'll find at Jane's. A real bar, as good for an after-work drink as for very long nights at weekends, and where local craft beers, organic wines from Yann Bertrand or even Yuzu Saké from Titulus are all on the menu. There is no question Jane knew exactly what she was doing when she opened this venue. Founder and resident DJ of the famous Catclub, for her the choice of a playlist is just as an important role as the drinks. Every Thursday, a different influencer from Brussels – Jean-Paul Lespagnard, Sold Out and more – is invited to play their own playlist, while sipping on a glass of Cuvée du Chaos (45€ the bottle), Jane's ultimate wine crush.

On the menu, nothing has been left to chance. The wines – most of them natural or organic – go off the beaten tracks. When she isn't picking up her wines in the Bourgogne, Jura or the Languedoc herself, Jane works with Taste Affair or Terre aux Vins. On the food side, pick between a choice of cold cuts, smoked scamorza or Taralli – savory Italian biscuits with fennel seeds –, probably the influence of her Italian girlfriend, she tells us.

Jane's is a bit of everything we love: a real neighborhood bar, never compromising on quality.

La Famille

Bar de quartier / *Local bar*

84 rue du Bailli
1050 Ixelles

Vin au verre / Glass of wine : 3,50 € – 7,50 €
Cocktails : 10 € – 11 €
Tapas : 5 € – 11 €

FR La Famille, c'est un énième bar, ouvert de jour comme de nuit, dont la formule a déjà fait ses preuves à Bruxelles : café le matin, plat du jour à midi, tapas en apéro et cocktails en soirée. Formule testée et plus qu'approuvée, permettant à n'importe qui d'y trouver son compte à n'importe quelle heure de la journée. Pourquoi c'est top ? Parce que dans le quartier Bailli-Châtelain, on n'avait pas encore de chouette adresse dans le genre, et que La Famille permet une transition toute douce entre le working-café et l'apéro. On est assez fan de ces journées où la clientèle varie au fil des heures qui passent, et où lorsque 18 h sonne, les verres de vin nature remplacent le cappuccino et l'on referme son MacBook pro pour l'apéro. Arnaud, Jim et Alexis, qui n'en sont pas à leur premier établissement (cf. Takumi et La Meute) ont réuni tous les ingrédients essentiels à la recette. C'est simple et juste, de la déco à la carte. Des murs vert sombre, une terrasse à la parisienne, des chaises et tables vintage type écolier, et quelques appliques Zangra savamment choisies. C'est sobre et bien ficelé, on n'est pas perdu – même si on n'est pas vraiment surpris non plus.

Côté équipe, c'est jeune et souriant. Et puis côté lunch, on retrouve quelques références bien belges et sympas avec le « croque Philippe » (8 €) et le « croque Mathilde » (9 €) et des croquettes de crevettes vraiment très très bonnes (11 € pour 2). Pour l'apéro, c'est vin nature et / ou bio de chez La Nebbia et Cave Coop, burger made in La Meute (9 €), beignets de poulet Karaage made in Takumi (5 €), et autres charcutailles, croquettes et dips homemade. Bref, que des valeurs sûres, qu'on se réjouit de retrouver réunies à une même adresse !

EN La Famille is yet another bar with an all-day-long concept: from morning coffee, to daily specials and after-work tapas all the way to cocktails to start the night. A proven concept in numerous bars we love, allowing just anyone to walk in at any time of the day. Why is this new bar so great? Because this type of place was missing in the Bailli-Châtelain area, and because they offer the smoothest transition possible between a working café and an evening bar. We have to admit we simply love watching people come and go as the day passes, from breakfast until sometimes late that same evening. And it's no surprise this venue is such a success: Arnaud, Jim and Alexis knew exactly what they were doing when they opened La Famille (cfr Takumi and La Meute). Everything is simple and efficient, from the decor to the menu. Dark green walls, a Parisian-style terrace, vintage school chairs and beautiful wall lamps from Zangra. It's sober and straight to the point, and we definitely aren't lost.

Behind the bar, the team is young and welcoming. On the menu, the lunch offer is rather on the Belgian side, with fun references such as the « croque Philippe » (8 €) or « croque Mathilde » (9 €), and some excellent shrimp croquettes. Wines are natural / organic, with bottles coming from both La Nebbia and Cave Coop and perfectly paired with a bunch of cool tapas like a burger from La Meute, fried chicken Karaage from Takumi, cold cuts, croquettes or homemade dips: everything we love.

La Trinquette

Bar à vin / *Wine bar*

3 rue de l'Aqueduc
1060 Saint-Gilles
+32 2 537 94 59
facebook.com/LaTrinquetteBruxelles

Vin au verre àpd / Wine glass from : 4,50 €
Bouteilles àpd / Bottles from : 17 €

FR C'est un bar joyeux où on vient boire des coups entre copains, qu'Henri avait en tête en ouvrant La Trinquette à Bruxelles. Six ans plus tard, la vision est toujours la même: on vient à La Trinquette pour boire du vin, du très bon vin même, mais on vient surtout pour passer un bon moment en buvant du vin. C'est différent, m'explique Henri. À mille lieux du snobisme que l'on peut parfois trouver dans ce milieu, La Trinquette se veut avant tout chaleureuse et accessible. Un bar pour boire du bon pinard, mais aussi un bar de quartier, un bar pour habitués, un bar où l'on vient entre amis et où l'on peut finir, pourquoi pas, à danser sur le bar.

Avec sa bande de copains, tous fils ou petit-fils de vignerons ou de viticulteurs, l'idée du bar à vin est venue presque naturellement. Originaire du Languedoc, c'est cette région et ce terroir qu'Henri met en avant dans sa sélection de vins – tous bio – comme dans sa sélection d'apéros. Dans nos verres, Le Canon de Riton, un vin vinifié pour Henri à l'occasion des dix ans du Mas des Caprices, et de leur dix ans de collaboration. Un domaine spécialisé en vins natures et bio qu'on connait et qu'on affectionne déjà beaucoup pour son R.A.S (rouge à siroter), qui ne déçoit jamais pour l'apéro. Avec le Canon de Riton, on reste sur le fruit, mais avec un peu plus de Mourvèdre, nous explique Henri. C'est bon, et c'est parfait pour entamer cette chaude soirée d'été. Sur la planche mixte, tout vient d'Occitanie. Les charcuteries de l'Aveyron, et les olives Lucques du nord-est de Carcassonne. On imagine des accents chantants rien qu'en entendant l'origine des produits.
À l'intérieur, l'ambiance bat son plein, ça discute et ça boit dans tous les coins. Encore une belle soirée qui commence.

EN A happy place where friends meet for drinks was what Henri had in mind when opening La Trinquette. Six years later, the vision remains unchanged: we go to La Trinquette to have a glass or two of wine, though mainly to have a good time while drinking wine. It's different, says Henri. Miles away from the arrogance sometimes associated with wine, La Trinquette is laid-back and affordable. It's an excellent wine bar, but also a neighborhood bar, a bar for regulars, and even, sometimes, a bar where you might end up dancing on the bar.

For him and his closest friends, all sons or grandsons of winegrowers, the idea of opening a wine bar seemed pretty obvious. Coming from the wine-growing Languedoc region, Henri spotlights their wines – all organic – and aperitifs. He has us try Le Canon de Riton, a wine vinified specially for Henri to celebrate the 10-year anniversary of the Mas des Caprices winery and their 10 years of collaboration. Known for its natural and organic wines, we already knew this winery from its fabulous R.A.S (rouge à siroter in French) which we love. Le Canon de Riton is just as fruity but has a touch more Mourvèdre, explains Henri. It's delicious, and perfect to start the evening with, together with the mixed plate laid before us. Everything on the platter comes from Occitanie: the cold cuts from Aveyron, the Lucques olives from a small village north-east of Carcassonne. Hearing all about the origins of the produce, we can just imagine the chanting southern French accent. Inside, things are in full swing, with the place filling quickly with happy customers chatting loudly and having a drink. Another great evening has just started.

Flagey, Fernand Coq, Porte de Namur

Cafés

Néocantines

Restos

Bars

Pastelaria Garcia

Pâtisserie portugaise / *Portuguese pastry shop*

75-77 avenue de la Couronne
1050 Ixelles
+32 2 640 79 56
patisseriegarcia.be

Pastel de nata : 1,30 €

FR En haut de la rue de la Brasserie, sur l'avenue de la Couronne et juste au-dessus de Flagey, se trouve une institution : la pâtisserie Garcia.

Ouverte par Rui Garcia en 1990, elle n'a pas bougé d'un poil. Sur le coin se trouve la boulangerie, où il vous est encore possible d'acheter le pain de maïs portugais traditionnel, le produit phare avec lequel Garcia s'était lancée à l'époque. La vedette lui a vite été volée par les pasteis de nata, faisant de Garcia une véritable référence en la matière. Une maison plus loin, sur l'avenue de la Couronne, se trouve la Confeitaria Garcia, où l'on vient déguster ses pasteis sur place. Loin des cantines bobo-hipster de Flagey pourtant à peine à quelques mètres, chez Garcia, rien n'a changé depuis l'ouverture. C'est bien simple, on se croirait en plein cœur du Portugal, dans un des nombreux salons de thé où l'on engloutit une, deux, trois pasteis, avec un café et un Sumol de Maracuja dès le réveil. Bonheur. Pas de chichis, pas de détours. Les petites tables rondes et chaises en fer forgé ont des airs de terrasse de vacances, le carrelage bleu et la petite fontaine nous envoient tout droit au Portugal. Ici, on est dans l'authentique, le vrai, celui qui frôle le kitsch et nous emplit de joie.

Le week-end, le lieu se remplit dès le petit matin de familles et d'habitants du quartier, toutes générations confondues, qui s'y retrouvent pour lire le journal, boire un café, et y déguster pasteis de nata ou Tentúgal, pour bien commencer la journée.

EN At the very top of the Rue de la Brasserie, on the corner of the Avenue de la Couronne and right above Flagey, you'll find a Brussels institution: Pastelaria Garcia.

Opened in 1990 by Rui Garcia, the place has remained unchanged since its opening. On the corner, you'll find the bakery where Garcia first launched his business by preparing and selling traditional Portuguese corn bread, still available today. The spotlight was quickly stolen by the pasteis de nata, making Garcia a star. A few meters further, along the Avenue de la Couronne, you'll find Confeitaria Garcia where you can eat the pasteis on the premises. Miles away from the neo-hipster coffee-and-lunch places in Flagey, Garcia is a one-way trip to the heart of Portugal. Stepping in, you feel as if you've just walked into any Portuguese pastry shop in Lisbon, where locals drop by for one, two or even three pasteis along with a coffee or Sumol de Maracuja. The small round tables and the wrought iron chairs make us feel we're on a Mediterranean vacation, while the blue tiles and little fountain take us straight to Portugal. Every detail, every ingredient and every recipe is authentic and true to the Portuguese roots of the owners.

At weekends, the place quickly fills up with families and locals, from all generations, meeting here to read the paper with a coffee while eating delicious pasteis de nata or Tentúgal. The perfect start to a weekend.

Bom Apetite
Obrigado
Obrigado

eat in

Comptoir Rodin

Cantine & café / *New-age canteen & café*

8 avenue Auguste Rodin
1050 Ixelles
+32 2 203 00 14
facebook.com / comptoirrodin

Bols / Bowls : 11 €

FR Niché entre les murs de ce qu'il reste de l'ancien hôpital militaire, le Comptoir Rodin est une de ces adresses où l'on ne s'aventure pas par hasard. De l'extérieur, la tour imposante nous rappelle les casernes du boulevard Général Jacques, et ce n'est qu'après avoir franchi la porte et gravi les quelques marches que l'on découvre cette cantine ultra-chaleureuse.

À l'entrée, une petite statuette de Rodin, en hommage au nom de la rue, fait office de point cardinal. Des flèches dessinées au sol indiquent la direction de la salle, du comptoir, ou encore de la verrière, pour ceux qui chercheraient leur chemin. L'intérieur, entièrement rénové pour le projet, nous évoque la salle chaleureuse d'un théâtre, où l'on viendrait siroter un verre pendant l'entracte. D'épais rideaux de velours rouges entourent les fenêtres et les murs de briques laissés à nu, et de petits fauteuils en cuir dépareillés complètent le tableau. Les grandes fenêtres du bâtiment quatre façades font le reste : le comptoir est cosy, mais toujours lumineux.

Au comptoir, on choisit entre tartines, « soupes-repas », bols chauds, bols froids et bols chaud-froid. Dans les bols, c'est un sans-faute. Le bol chaud (11 €) – boulettes de bœuf, sauce yaourt, légumes fondants, pignons de pin grillés, coriandre et blé – est la définition même du mot réconfortant. Épicé, savoureux, et très copieux. Pareil pour le bol chaud-froid (11 € également) au chou-fleur rôti aux épices, aubergines, potimarron et pois chiches. Mais le comptoir est ouvert du petit matin jusqu'au soir, et outre ses délicieux bols, c'est également l'endroit parfait pour un petit-déj', un brunch, une pause sucrée, ou quelques heures de travail accompagnées d'un café.

EN Hidden between the walls of what is left of the old military hospital, the Comptoir Rodin is the type of place you'd need to know about before paying it a visit. From the outside, the impressive tower rather reminds us of the barracks on the Boulevard Général Jacques, and it's only after climbing the first set of stairs that we discover this warm and cosy new-age canteen.

At the entrance, a little statue of Rodin, a tribute to the name of the street, helps you find your way around the restaurant. On the floor, arrows point to the counter, the veranda or the dining area - helping those who may have lost their way. Completely renovated, the inside reminds us of a cosy theatre bar, where you'd sip a glass of wine while waiting for Act II. Heavy red velvet curtains surround the windows, naked brick walls give the place a rather cosy look and a few mismatched leather armchairs complete the picture. The big windows of this four-facade building do the rest: the Comptoir is cosy, but always full of light.

At the counter, you can choose between a range of sandwiches and hot and / or cold soups. The hot soup was a real success (11 €) – beef meatballs, yoghurt sauce, grilled vegetables, pine nuts, cilantro and wheat – or our definition of true comfort food. Spicy, hearty and delicious. The same went for the hot-and-cold soup (also 11 €), featuring spicy roasted cauliflower, eggplant, pumpkin and chickpeas. Open from early morning to evening, the Comptoir is also the perfect place for breakfast, brunch, a quick break, or a few hours of work along with a coffee.

My Tannour

Cantine syrienne / *Syrian restaurant*

98 rue de la Brasserie
1050 Ixelles
+32 471 45 16 00
facebook.com / mytannour

Formule tannour / Tannour menu : 9,50 €

FR Lorsque l'on rentre chez My Tannour, la première chose que l'on voit, ce sont les fours. Deux grandes vasques en terre cuite, à moitié enfouies dans le sable, dont jaillissent de grandes flammes. Derrière, en train d'aplatir les pains avec le bout de ses doigts à la demande des clients, Georges.

D'origine arménienne et libanaise, Georges est né et a grandi en Syrie, où il a pu observer les femmes de son village cuire les pains dans de grands fours: les tannours. Si ses origines ont influencé la cuisine de son premier établissement – C'Chicounou, juste en face –, chez My Tannour, les recettes sont 100 % originaires de Syrie. Si ce n'est quelques ajustements sur la qualité, comme cette farine complète à base de 8 blés différents privilégiée ici à la farine blanche utilisée en Syrie.

En se faufilant au fond de cette charmante cantine, on découvre le deuxième élément phare qui fait le succès de ces pains syriens: un second four, en fer forgé cette fois, réalisé sur mesure et abritant des kilos et des kilos de viande. Monté sur trois étages, avec un feu qui crépite à sa base, ce meuble massif assure une cuisson lente aux différentes pièces de viande qui rempliront ensuite les pains. Cinq heures de cuisson pour le poulet, entre 10 à 16 h pour le bœuf et le gigot d'agneau. On salive.
À la carte, les pains farcis – rebaptisés par Georges « tannours », comme le four – nous attendent. On penche pour un tannour aux falafels (5 €) – réalisés minute, comme les pains –, et un tannour au poulet en plat (6,50 €), avec un supplément de légumes grillés (0,30 € le supplément, à ce prix là, on ne se prive pas). Et qu'est ce qu'on s'est régalées.
Un seul mot: foncez!

EN Stepping into My Tannour, the first thing you'll spot are the two big clay ovens on the left, half-buried in sand. Coming closer, you'll see the big flames licking the surfaces, with George standing right behind.

Though his parents are from Armenia and Lebanon, Georges was born and raised in Syria, where he got to watch women in his village make and cook bread in big ovens: the Tannours.
At C'Chicounou, his first venue right across the street, the menu shows clear influences of his origins, but at My Tannour, the recipes are all from Syria, and Syria only. Well, except for a few upgrades, like the replacement of the white flour used in Syria by whole-wheat flour made from 8 different types of wheat.

As we make our way to the back of the restaurant, we discover the second most important item guaranteeing the quality of the food: a second oven. Custom-made, this cast-iron one is used to slow-cook significant quantities of meat. Three stories, fired by a massive wood-fire at the bottom. It takes about 5 hours to cook chicken, and between 10 to 16 hours to cook beef or lamb. We can already feel our mouths water. On the menu, stuffed breads - renamed Tannours by Georges after their own specific oven - are waiting for us. We try a falafel Tannour (5 €) - minute-made, both falafels and bread -, and a chicken Tannour plate (6.50 €), along with some extra grilled veggies (30 cents per extra). The concept is brilliant and the food simply delicious. Go and see for yourself.

PIMP
MANOUSHE
SEMSOM MANOUSHE
SEMSOM HOT WRAPS

Semsom

Cantine libanaise / *Lebanese new-age canteen*

95 rue Lesbroussart
1050 Ixelles
+32 2 647 12 01
semsom.be

Lunch : 10€

FR Si on vous disait que Semsom était la nouvelle caverne d'Ali Baba de la rue Lesbroussart, l'expression «*Iftah ya Semson*» – «sésame, ouvre-toi» – prendrait alors tout son sens. Une nouvelle adresse pour Dane, le fondateur belgo-libanais déjà à l'origine de SUP, qui s'accompagne cette fois de Karen, une jeune cheffe israélienne. Le résultat : un nouveau type de cantine où l'on revisite la street-food libanaise, avec quelques twists européens. On note par exemple une délicieuse sauce tahin-miel-moutarde pour accompagner les falafels.

Côté houmous, les recettes suivent mais ne se ressemblent pas, allant de la version la plus classique en passant par une version curcuma-citron vert, ou encore à la betterave. Mais si les préparations – végétariennes pour la plupart – changent avec les saisons, l'essence de la cuisine méditerranéenne est restée intacte. Un endroit où il fait bon vivre, où il fait «bon partager et manger ensemble», voilà ce que Dane voulait créer avant tout.

Le cadre – petites suspensions en verre vintage, plantes tombantes et banquettes couvertes de coussins – est une jolie incitation au laisser-aller. Sans oublier le comptoir qui regorge de mille et un plats plus colorés les uns que les autres. C'est là qu'on fera la file pour remplir son assiette au poids (10€ les 350g en lunch), ou commander un manouche – un pain plat libanais recouvert de zaatar et grillé au four.

EN If we said Semsom was a bit of an Ali Baba's cave on the Rue Lesbroussart, the words "Iftah ya Semsom" – open sesame – would get all its meaning. A new venue for Dane, the Belgo-Lebanese founder of SUP, previously on the same site. This time, he partnered with Karen, a young Israeli chef. The result: a new-age canteen where you'll find creative Lebanese street-food with a modern European twist. We loved how they twisted the tahin sauce with honey and mustard to serve it with their homemade falafels.

Hummus is another must at Semsom, ranging from the most traditional recipe with chickpeas and tahin to more colorful versions with beetroot or with turmeric and lime. But though the dishes – most of them vegetarian – change with the seasons, the essence of Mediterranean cuisine remains untouched. "A place to share and spend time together" is what Dane had in mind when he thought of opening Semsom.

The setting – cute colored vintage glass lamps, hanging plants and benches covered with cushions – is a nice invitation to unwind. And at the entrance, the large counter full of colorful dishes is where you will queue to order a mixed plate (10€ for 350g at lunch) or a traditional Manouche – Lebanese flatbread covered in Zaatar –, definitely the hit of the house.

Ben Van Hoo

De belles surprises
Beautiful surprises

FR Le week-end au marché de Flagey, il est difficile de louper le stand de fleurs de Ben, qui se démarque des autres par de magnifiques bouquets champêtres, sobrement emballés d'une feuille de papier Kraft. En plus du marché de Flagey et de celui du Châtelain, on retrouve également ses superbes créations au Prélude, chez Racines, et dans de nombreux établissements repris sur Brussels' Kitchen.

EN On weekends at the Flagey market, Ben's flower stand is hard to miss : it stands out due to its beautiful seasonal bouquets, simply wrapped in a sheet of kraft paper. Besides the Flagey and Chatelain markets, you'll also find his gorgeous creations at Le Prélude, Racines and many other restaurants featured on Brussels' Kitchen.

FR Tu peux nous en dire plus?
D'abord, j'ai fait Saint-Luc un temps, et quand j'ai arrêté l'école, je suis «tombé» dans les fleurs. Mes parents ont eu un magasin de fleurs. Je fais ce que j'aime bien. J'essaye de jouer un peu avec les couleurs, les formes. Ça m'intéresse aussi. Je ne fais pas ça pour gagner ma vie. Je fais quelque chose que j'aime bien, c'est très simple. Je suis aussi content d'être sur les marchés parce que ça s'est fait par hasard. En fait, on voulait proposer des fleurs bio dans les magasins bio. J'avais un cultivateur qui m'a dit: «Ben, j'ai envie de commencer avec les fleurs aussi, quand tu veux les vendre, tu me le dis.» On avait des deals avec des magasins bio pour faire 50 bouquets toutes les semaines. Après deux jours, ça ne marchait pas, aucun magasin ne voulait les fleurs, c'était trop cher. Mais je voulais faire quelque chose et comme je n'avais pas de sous pour faire un magasin, j'ai commencé sur les marchés. Ça, j'aime bien. Je n'y avais jamais pensé et en fait, je trouve que c'est chouette. Maintenant, je suis très content de faire ça, parce qu'être toujours en magasin, je ne voudrais pas.

Ton adresse préférée à Bruxelles?
Mon adresse préférée, où je mange le mieux pour l'instant, c'est chez Racines. Ce n'est pas parce que ce sont des clients. Je trouve qu'ils ont des bons goûts, bien équilibrés, pas trop de l'un ni de l'autre. Comme j'aime bien. La dernière fois chez Racines, c'était une de mes meilleures expériences. Mais on devient aussi très difficile. Parce qu'on a beaucoup de choix, qu'on a beaucoup de chance, qu'on peut toujours manger de meilleures choses. Mais parfois on a quand même encore de belles surprises.

Ton souvenir culinaire le plus marquant?
Je suis allé une fois à Parma et là, j'ai été manger dans un restaurant – maintenant c'est un truc étoilé et tout. Ils cuisinaient avec des choses très sobres, simples, mais quand même raffinées. Le parmesan était utilisé dans plusieurs variétés, cru, chaud, même l'écorce. Des choses comme ça, j'aime bien. Et c'était aussi un très beau lieu. Ils travaillaient beaucoup avec le chaud-froid, les combinaisons de goûts. Pas de trop, bien balancé. Nickel.

EN Can you tell us more?
First, I studied at Saint-Luc a bit, and when I quit school, I "fell into" flowers. My parents used to have a flower shop. I do what I like most. I try to play with colors, with shapes. It's something I find really interesting. I don't do this to make money or anything, it's a labor of love. I'm also happy to work in the markets because this also happened by chance. We initially wanted to sell organic flowers in organic stores. A farmer friend said to me, Ben, I'd like to try flowers as well. If you want to sell them, just tell me. We had deals with organic stores for 50 bunches a week. After just a couple of days, we saw it wasn't working, none of the shops wanted the flowers, they were too expensive. So I said listen, I need to do something because I don't have the cash to open a shop. So we started working in the markets. And I love it. I'd never have thought it could be so much fun. And now I'm super happy with the way things are, because standing around all day in a shop was never something I wanted.

Your favorite place in Brussels?
My favorite place to eat, where I like to eat the most at the moment, is Racines. But that's not because they're clients. In my mind, they have good flavors, well balanced, not too much of this, or that. Exactly the way I like it. Last time I went there was one of my best food experiences. But we are becoming extremely difficult to please. Because we have so much choice, so many opportunities, and we can always eat better things. But sometimes you still get beautiful surprises.

Your strongest food memory?
I once went to Parma and ate in a restaurant – it's since become a Michelin-starred place. They cooked with really sober and simple ingredients, while being very refined as well. Parmesan was used in many ways, raw, warm, even the crust. Things like that, I like. And it was also a beautiful place. They worked a lot with hot-and-cold and interesting taste combinations. Not overdoing it, everything so well-balanced. Perfect.

Éclade de moules
Pine-smoked mussels

Ben Van Hoo

---

1 kilo de moules de bouchot pour 3 personnes / *1 kg of Bouchots mussels for 3 people*

1 sac de 10 litres d'épines de pin / *A 10 liter bag of pine needles*

FR On a besoin d'une planche, de moules de bouchot, d'épines de pin. Pour commencer, tu dois clouer quatre clous, pour poser les premières moules, comme ça elles ne peuvent pas tomber, c'est pour les garder droites. Et après, tu dois essayer de travailler en rond, et toujours mettre le petit cul en haut, très important. Autrement, les déchets des épines vont tomber dans les moules et ça ce n'est pas le but parce qu'alors y a plein de petites branches dans tes moules. Après, tu mets une couche d'environ 20 centimètres de hauteur d'épines par-dessus, et une fois que tout a brulé partout, c'est bon. Si tu mets plus d'épines, toutes tes moules vont se casser, et vont être trop brulées. Et s'il n'y en a pas assez, ce ne sera pas bon. Ensuite, il faut souffler, avec un sèche-cheveux ou à la bouche. Tu enlèves la première partie avec une branche ou une ramassette, et puis tu dois souffler jusqu'à ce que tes moules soient propres, et après, tu peux commencer à manger.

EN You need a wooden plank, bouchot mussels and pine needles. You start by hammering 4 nails into your plank to help the first mussels stand straight and keep them from falling. You then have to try working in circles, always with the open end of the mussels pointing downwards, very important. Otherwise, the pine needles will fall into them, and you'll end up with tiny bits in your mussels. You then cover the mussels with a 20cm layer of pine needles and put a match to them. Once everything has burnt, it should be good. If you use too many pine needles, all your mussels are gonna break, and they will be overdone. And if you don't use enough, they won't be cooked. You then have to blow them clean, with a blow-dryer or yourself. The top part you can remove with a branch or a dustpan, then you have to blow until all your mussels are clean, then you can eat them.

TICH

Café & cantine vegan / *Vegan café*

25 rue de Namur
1000 Bruxelles
+32 2 503 83 30
facebook.com/tichbrussels

Toasts : 8,90 €
Boissons au lait d'amande / Almond milk drinks : 3,60 €

FR Pile en face du JAT café, dans l'étroite rue de Namur, on tombe nez à nez avec TICH, le nouveau spot vegan mais sûrement pas boring du centre de Bruxelles. Conçu dans un esprit de concept-store plus que de café ou encore de cantine, TICH est plutôt multi-facettes. Des fauteuils confortables où s'asseoir avec son laptop, des estrades remplies de coussins, de grandes tables, un comptoir le long des fenêtres et des frigos garnis de produits pour nous faire tenir une journée entière. Voilà pour la partie « café ». Mais à l'extrémité de la grande salle, on trouve aussi tout un tas de bouquins de cuisine, de la vaisselle en émail Falcon, du savon bio et made in Belgium, des super posters signés The New-Yorker, et même une série de t-shirts arborant fièrement un logo TICH en velours bleu marine. Et cette jolie sélection de produits ne promet que de s'étoffer dans les semaines qui viennent. La combinaison parfaite pour trouver un cadeau sympa ou feuilleter un livre en attendant son Almond-Matcha-Latte (3,60 €). On se réjouit.

Côté cuisine, si tout est vegan, on en profite d'autant plus pour se lâcher sans remords. Pas de sucre affiné sur les tables ou dans les pâtisseries, ici c'est sucre bio de noix de coco uniquement. À la carte, quelques toasts (8,90 €), un plat chaud (9,80 €) et une petite soupe du jour (4,80 €). Et dans les frigos, des jus bio pressés à froid, des assiettes de légumes et des raw cakes gluten-free à tomber. Mais la cerise sur le gâteau ici, c'est le lait d'amande. Préparé sur place chaque matin, il donne à notre cappuccino des airs de galette des rois ou de dessert au massepain.

EN Right across from the JAT café, in the narrow Rue de Namur, you'll find TICH, one of the few 100 % vegan spots in town. More of a concept-store than a café, TICH has got plenty of different sides that we have yet to discover. Comfy chairs for working with your laptop, platforms filled with colorful cushions, big tables, a bar with high stools by the windows and fridges filled with everything you need to keep you going the whole day. That's for the café part. But at the other end of the room, there's also a big table featuring a few cookbooks, Falcon enamel plates, organic soap made in Belgium, really cool posters from The New Yorker, and even a series of T-shirts proudly displaying the TICH logo in dark blue velvet. And the owner tells us that that the selection offered in the shop will keep growing larger and more inspired. The perfect place to find a cool gift or browse through cookbooks while waiting for your almond-matcha-latte (3.60 €). We couldn't be more thrilled.

When ordering, it's without the slightest bit of guilt that we pick about half of what's available on the menu. Everything here is vegan and free of refined sugar – you'll only find organic coconut sugar on the tables to go with your coffee. On the menu : a few toasts (8.90 €), a hot dish (9.80 €) and a soup of the day (4.80 €). And inside the fridges : organic cold-pressed juices, vegetable dishes and delicious raw and gluten-free cakes. But the cherry on top is definitely their homemade almond milk – it made our cappuccino a drink to remember.

BRUT
Taste of Wonderfood

Brut

Organic fine food / *Fine organic food*

47 / 49 rue Antoine Labarre
1050 Ixelles
+ 32 2 342 09 75
brutfood.be

Lunch 2 services / 2-course lunch : 23 €
Brunch le dimanche / Sunday brunch : 25 €

FR Il y a d'abord Benoît et Alice, couple de chefs passionnés, et notamment ex-associés du Little Tokyo. Quand leur plan de partir ouvrir un resto au Brésil tombe à l'eau, ils décident de se lancer dans l'aventure des dîners à domicile. Et puis il y a Léo, le frère d'Alice, qui bosse en start-up studio dans l'univers de la tech, à mille lieues de celui de l'Horeca, mais pour qui la cuisine a toujours été une passion. Le couple a besoin d'un chauffeur et d'une aide pendant les dîners, Léo est quant à lui en quête d'un projet avec plus de sens; c'est la naissance du trio.

Un an plus tard, Brut voit le jour, deux rues à peine derrière Flagey, en contrebas de l'hôpital d'Ixelles. Et du sens, il y en a; du choix des producteurs jusque dans la déco. Les produits sont belges presque en totalité, avec quelques exceptions comme le saumon Label Rouge d'Écosse, fumé par leurs soins. Circuit court, récup, produits bio et artisanaux – voilà la devise de l'équipe. Un à un, ils ont été rencontrer chacun de leurs fournisseurs afin de choisir la meilleure mozzarella – belge bien sûr –, ou canard des Ardennes. Leur formule lunch (23€ en 2 services) est une belle interprétation de la cuisine bistronomique comme on l'aime: des produits de terroir et des légumes de saison, de la technique et une maîtrise des cuissons, et un chouette twist dans les associations. Salade de Nameko de Bruxelles avec chou de Bruxelles en tempura en entrée, magret de canard basse température et purée de navet au miso doux en plat. C'est joli, généreux et parfaitement exécuté. On se régale. Le vendredi soir, on y vient pour le menu unique en 5 services (48€), accompagné de vins natures, de bières belges ou encore de kombucha.

EN It all started with Alice and Benoit, passionate chefs among other things. When their dream of leaving Brussels to open a restaurant in Brazil fell through, they decided to start a rent-a-chef business. And then there's Leo, Alice's brother. Though working in a tech start-up, nowhere near the hospitality industry, he'd always had a passion for food. The couple was in need of a driver and someone to help prepare their dinners, and Leo was looking for something more meaningful. A new team was born.

One year later, Brut opened its doors, a couple of streets behind Flagey Square and opposite Ixelles hospital. Nothing has been left to chance, from the choice of local producers to its recycled decor. Ingredients are almost 100% Belgian sourced, except for a few things like the Label Rouge salmon from Scotland which is smoked on the premises. Short food supply chains, recycling, organic and craft products – these are the pillars of Brut. For each and every ingredient they work with, they have taken the time to meet the farmers and suppliers, making sure to pick the best mozzarella (made in Belgium of course) or the best duck from the Ardennes. Their 2-course lunch menu (23€) is pure "bistronomy": local produce, seasonal vegetables, perfectly cooked meats, with their choice of ingredient pairings adding fun twists. We had Nameko mushrooms from Brussels served in a salad with tempura Brussels sprouts, and slow cooked duck filet on parsnip purée with miso. The plates were set beautifully and the food was hearty and delicious. On Friday evenings, the only night the restaurant is open, they serve a unique 5-course menu (48€), washed down with natural wines, Belgian beer or even kombucha.

El Mexicanito

Restaurant mexicain / Authentic Mexican food

29 rue Saint-Boniface
1050 Ixelles
+32 487 64 25 88
elmexicanitobxl.com

Plats / Mains : 7 € – 20 €

FR Pourquoi il faut y aller? Tout simplement parce qu'à Bruxelles, jamais on n'avait eu l'occasion de goûter à une authentique cuisine mexicaine. Après avoir voyagé en Amérique centrale, quel plaisir de trouver des plats de la cuisine traditionnelle mexicaine dans notre ville, en commençant par la base: de véritables tortillas de maïs faites maison. Derrière El Mexicanito, il y a Oscar et son associé Alvaro. Originaire de Mexico City, Oscar vit à Bruxelles depuis 13 ans, et importe les meilleurs Tequila et Mezcal pour les restaurateurs bruxellois – dont Humus & Hortense qui en utilise dans leurs superbes cocktails – avant d'ouvrir son propre restaurant.

Chez El Mexicanito, on se retrouve transportées, du ceviche de crevettes servi traditionnellement avec des oignons, des tomates, du citron vert, son paquet de crackers et sa sauce piquante sur le côté (12 €), jusqu'aux enchiladas Enmoladas, recouvertes de sauce Mole au piment et cacao, plat traditionnel d'Oaxaca (14 €). Avec ça, pas question de louper les délicieuses Margaritas, début de toute bonne soirée au Mexique, servies ici avec un sel à l'hibiscus. À l'intérieur, chaque pièce a été décorée avec un thème différent: *Mexico lindo y querido*, pour faire honneur aux Mariachis, *lucha libre*, représentant les catcheurs mexicains, révolution mexicaine et période pré-hispanique. C'est kitsch et coloré, et sans aucune forme de prétention. Dans la cuisine, on prépare les tortillas minute, à base de farine de maïs et d'eau tiède, dans une petite machine nous rappelant les machines à pâtes fraîches italiennes. Une fois par semaine, Oscar invite un guitariste, et une fois par mois, un trio de Mariachis. Le but des deux associés: transmettre la culture authentique du Mexique. Et c'est plus que réussi.

EN Why you should go? Simply because this was the first time we had the opportunity to try such authentic Mexican food in Brussels. After having traveled through central America, just imagine our delight in finally finding traditional Mexican food in our city, starting with the very base: homemade corn tortillas. Behind El Mexicanito are Oscar and his business partner Alvaro, both from Mexico. Before opening El Mexicanito, Oscar had been in Brussels for 13 years, importing amazing Mezcal and Tequila to restaurants in Brussels – including Humus & Hortense which used his Mezcal to make their amazing cocktails .

At his restaurant, we are sent on a one-way journey to Mexico, from the traditional shrimp ceviche made with onions, tomatoes, lime juice and served with a pack of crackers and spicy sauce on the side (12 €), to the enchiladas Enmoladas, topped in chili and cacao sauce, just as they make them in Oaxaca (14 €). With that, we obviously didn't want to miss out on the Margaritas, the start of any good story in Mexico – simply delicious. Inside, each room has been decorated with a different theme: *Mexico lindo y querido* in honor of the Mariachi culture, *lucha libre* representing Mexican wrestlers on the walls, the Mexican revolution and the pre-Hispanic period. It's colorful and definitely a bit tacky but it's warm and truly authentic. In the kitchen, the tortillas are minute-made, from cornflower and tepid water, using a little machine similar to the Italian pasta machines. Once a week, Oscar invites a guitar player, and once a month, a Mariachi trio. Both partners wanted to share the authentic culture of Mexico when opening this restaurant. Mission accomplished.

MEXICO
Chaudfontaine

Isabelle Arpin

Cuisine gastronomique / *Gourmet cuisine*

362 avenue Louise
1050 Ixelles
+32 4 92 97 19 27
isabellearpin.com

Menu 6 services / 6-course tasting menu : 90 € / 145 €
Lunch 2 services / 2-course lunch : 32 €

FR On l'avait perdue de vue quelques temps, à peine quelques mois, et déjà on s'inquiétait de savoir où – mais surtout si – elle allait réapparaître. Cette fois, la lady-chef qui décroche l'étoile à chacun de ses passages a décidé de se la jouer autrement. Après Alexandre, Wy ou encore Louise 345, c'est chez Isabelle Arpin même qu'on la retrouve. Et pour notre plus grand bonheur. Car si Isabelle sait jouer et même jongler avec les contextes (et les contraintes), notre vrai plaisir à nous – et à elle aussi surtout – c'est de pouvoir la découvrir chez elle.

Ici, tout est à son image ; le cadre nous inspire plutôt une galerie d'art, à la fois élégante et sans artifices, le staff vêtu de chemises en jean est assorti à la cheffe, et celle-ci garde un œil bienveillant sur ses clients depuis sa cuisine ouverte. On a des petites pointes d'excitation en choisissant le nombre de services – surprise – de notre lunch, et on prévoit déjà d'y revenir un soir en grandes pompes. Coup de cœur pour ces petits œufs de caille saupoudrés de laitue de mer. Coup de cœur aussi pour ce tartare de gambas, avocat brûlé et crème de soja. Et puis pour l'agneau aussi, tant pour la recette que pour sa présentation « black sur black » qui nous fait penser à une œuvre d'art. Bref, coup de cœur sur coup de cœur pour ce lunch, mais surtout pour la cuisine d'Isabelle – créative, inspirée, loin des modes et des codes, et toujours surprenante. On se souvient encore de sa version de la tartiflette, qu'on avait dégusté en face au Louise 345, littéralement aussi légère que de l'air. On ne s'ennuie jamais avec Isabelle, et c'est ça qui fait toute la différence.

EN We thought we'd lost Isabelle a couple of months ago when, after leaving Louise 345, we had no idea where she was or, more importantly, whether she would return. This time, the lady-chef famous for gaining a star wherever she works, decided to play things differently. After Alexandre, Wy and Louise 345, you'll now find her at Isabelle Arpin itself. And we couldn't have wished a better way to be reunited. Though Isabelle is famous for knowing how to adapt to different contexts – and constraints –, it's a completely different story when she lets you into her own personal restaurant.

Here, everything reflects the chef's personality, from the staff's denim shirts, matching the chef's, to the premises, more like an art gallery than a restaurant. This is topped by the open kitchen, from where she can catch a glimpse of her customers' emotions. We're as excited as children before Christmas as we browse through the – surprise – menu, picking the number of courses we'll have for lunch, and already planning to come back one evening to get the full experience. A huge crush for the tiny quail eggs covered in sea lettuce powder, and for the delicious raw shrimp tartare with burnt avocado and soy cream. Also a huge crush for the lamb, as much for its "black on black" dressing, close to a piece of art, as for the amazing flavors in the dish. Actually, a huge crush for the whole lunch menu, but mostly for Isabelle's cuisine. Far from trendy, it's creative, inspired – and above all, always surprising. We still remember her version of the tartiflette we had right across the street back when she was still at Louise 345, literally as light as air. We never get bored with Isabelle's cuisine, and that truly makes the difference.

La Meilleure Jeunesse

Cuisine franco-belge bistronomique / *Italian enoteca*

58 rue de l'Aurore
1000 Bruxelles
+32 2 640 23 94
lameilleurejeunesse.be

Plats : 19€ - 40€
Menu carte blanche 5 services / 5 course surprise menu : 60€

FR Au premier regard, La Meilleure Jeunesse ressemble plus à l'antre d'un antiquaire qu'à un restaurant. De l'extérieur, la devanture est plutôt discrète, avec pour seul repère quelques boules de lumières colorées, façon années 70.

À l'intérieur, c'est une véritable caverne d'Ali Baba. Le patron, un galeriste qui considère ce resto comme son joyau, a investi énormément de temps à chiner tous les éléments de la déco. Le plafond, par exemple, a été recouvert minutieusement de feuilles d'or, tandis que çà et là, des plaques métalliques récupérées d'anciens barils de café Illy réparent les fissures du plancher. L'éclairage se fait principalement à la bougie, et des fauteuils en velours épais accueillent les clients aussi bien pour l'apéro que pour tout le dîner.

Le service, quant à lui, est aux petits soins. On vient ici pour prendre son temps, dans un cadre exceptionnel avec une ambiance intimiste. Si vous ne savez pas quoi choisir, le menu surprise en 5 services (60€) est une belle invitation à la découverte. Plutôt à la carte? On vous recommande vivement le tartare de daurade fumé, un des classiques de la maison qui ne quitte jamais le menu. Jean-Jacques, le chef, y prépare depuis plus de trois ans une cuisine bistronomique franco-belge, après être passé entre autres par la cuisine du Toucan. Côté boissons, on a droit à une chouette carte de cocktails, qui vient compléter celle des vins natures de chez Basin et Titulus, notamment. Le pain vient de chez Yves Guns, et est servi encore chaud accompagné d'un beurre fouetté au lait cru à tomber. Une adresse qui a plus d'un tour dans son sac et qui transforme chaque dîner en une occasion spéciale.

EN At first sight, La Meilleure Jeunesse looks more like an antique store than a restaurant. From the outside, the only thing giving away its presence is a bunch of 70's looking colored lights.

Inside, it feels as though you've stepped into Ali Baba's cavern. The owner, who works at the Alice Day art gallery, considers his restaurant to be a jewel and has spent countless hours finding each and every element of the decor at flea markets. The ceiling, for instance, has been meticulously covered in gold leaf by a friend of his. On the floor, little metal plates taken from old Illy coffee barrels cover the cracks in the wooden floor. Candles are the main source of light here, with comfortable velvet couches welcoming customers for a drink or a whole romantic dinner.

The service is extremely friendly, and everything is done to make you feel as if you're about to live a very special moment. If you're not sure what to order, the 5-course surprise menu (60€) is a great way to discover the chef's cuisine. If you'd rather go *à la carte*, we highly recommend the smoked sea bass tartare, a hit of the house which hasn't come off the menu in years. Coming from Le Toucan, Jean-Jacques, the chef, has been preparing Belgo-French inspired dishes here for over three years now. Drinks-wise, a fun cocktail list completes the picture, next to a great natural wine list, mostly from Basin and Titulus. As for the bread, it comes from Yves Guns and is served warm with an amazing flavored whipped butter made from raw milk. A beautiful restaurant, turning each dinner into a very special occasion.

Kunsthalle
Bern
Raymond Pettibon
26.1-12.3.95
VOTEZ
SADE

STEAK
IRISH BEEF STEAK
16 €
SALAD
VEGGIE SALAD 15 €
SIDES
BELGIAN FRIES 3 €
COMPOSED SALAD 4 €
SMALL CANDIED POTATOES 4 €
CHERRY TOMATOES SALAD 4 €
CRUNCHY VEGGIES 6 €
DESSERTS
CHOCOLATE SPECULOOS CAKE 5 €
MELTED MARSHMALLOW BROWNIE 5 €
SUPER 8

La Meute

Bœuf irlandais / *Meat point*

6 rue Lesbroussart
1050 Ixelles
+32 476 75 42 86
facebook.com / lameutebrussels

Contrefilet + sides / Beef filet + sides : 20 €

FR La Meute, c'est une histoire de potes avant tout. De deux frères, Alexis et Arnaud, qui après avoir conquis Bruxelles avec Takumi, leur enseigne de bar à donburi, s'associent avec leur ami Jim, pour un troisième pari. Et c'est pari réussi. À La Meute, comme le laisse entendre le nom, on vient se réunir entre carnivores, pour un joyeux gueuleton entre amis. Le concept est simple : les trois associés veulent permettre à leurs clients de se régaler d'un bon morceau de bidoche, sans jamais se ruiner. La fameuse Meute est d'origine irlandaise, de Wexford plus exactement, et est élevée ici même dans les pâturages belges de Veurne, à quelques pas de nos stations balnéaires préférées.

À l'intérieur, c'est petit et joyeux, les tables sont proches et l'ambiance chaleureuse. C'est qu'on ne vient pas pour faire des manières à La Meute. Avant un ciné, un verre à Flagey, c'est bien, et pour rester des heures à discuter avec sa bande de potes c'est bien aussi. Outre les carnivores qui trouveront leur bonheur dans la formule contrefilet-frites-coleslaw-sauce maison (20 €), les végétariens ne sont pas oubliés avec l'assiette veggie du jour (16 €), ni les fans de vins naturels qui piocheront gaiement dans la carte venant de chez Basin (à partir de 3,80 € le vin au verre). On aime ce petit resto avec sa déco aux airs de boucherie, sa grande façade vitrée qui vient éclairer même les plus froides journées d'hiver, et son personnel aussi abordable que sa carte.

EN La Meute is a friends' story. First there's the two brothers, Alexis and Arnaud, ready for a new challenge after making Takumi, their donburi bar, a successful little chain in Brussels. Then there's Jim, one of their best friends, in a similar boat. At La Meute – French for "the pack" – we meet our meat-loving friends for an easy, laid-back kind of dinner. The idea is straightforward : the three partners wanted to offer delicious and quality meat without their customers having to break the bank. And it's definitely a success. But what's so special about the beef they use? Well it's raised in Belgium for one, in the Veurne region, just a few miles always from our favorite Belgian beaches. And second, it is an Irish breed, from Wexford to be precise, which gives the meat its great taste and tender texture.

Inside, the restaurant is small and cozy, the tables close to each other and the atmosphere welcoming. It's the perfect place for a quick dinner before a movie or a drink in Flagey, but it's also just as good for a long evening dinner with friends. Meat-lovers will find what they're looking for in the beef filet-fries-coleslaw-homemade sauce combo (20 €), while vegetarians can enjoy the veggie plate (16 €). Wine lovers will joyfully peruse the natural wine list from Basin (from 3.80 € for a glass). We just love this tiny restaurant with its butcher-shop scenery, its huge front window allowing natural light to penetrate even on the greyest winter days, and the great value for money of its sort, but extremely efficient menu.

Petit Racines

Pâtes fraîches & vins italiens / *Fresh pasta & Italian wines*

347 chaussée d'Ixelles
1050 Ixelles
+32 2 633 43 03
racinesbruxelles.com

Pâtes fraîches / Fresh pasta : 12 € – 18,50 €
Terrasse intérieure

FR Une assiette de pâtes et un bon verre de vin italien : un concept simple mais pourtant brillant, ayant déjà fait ses preuves à Bruxelles avec la Gazzetta. Mais là où Le Petit Racines sort le grand jeu, c'est que ses pâtes à lui sont fraîches et fabriquées chaque matin dans l'atelier à l'arrière du restaurant. Il fallait y penser, mais il fallait surtout savoir le faire.

Ugo et Francesco, que l'on connaissait déjà pour leur première adresse italienne gastronomique quelques mètres plus bas, ont tapé dans le mille. Non seulement c'est bon, et même très bon, mais là où l'adresse joue sa meilleure carte et aura vite fait de devenir un incontournable, c'est dans son rapport qualité / prix. Ici, les pâtes se dégustent entre 12 € et 18,50 €, du mardi au dimanche. On goûte ainsi à des recettes traditionnelles venues des quatre coins de l'Italie, comme le ragoût Modenese, une sauce à base de joue de bœuf et de queue de veau originaire du nord, servie sur des pappardelles à la farine de froment et épeautre, en portion normale (130 g – 16,50 €) ou large (180 g – 18,50 €). Les pâtes sont préparées à base de farines et d'œufs belges et bio – à l'exception des spaghettis frais sans œufs, pensés spécialement pour les clients vegan. Intolérants au gluten ? Demandez le risotto du jour. Et si on a très faim, on commence par l'incroyable Gran Tagliere (18,50 €), à partager bien sûr. Mention spéciale pour le Gorgonzola si délicat qu'il pourrait passer pour le plus fin des bries. On accompagne le tout d'un délicieux verre de Dosset de chez Principiano (4,50 €), découvert par Francesco lors d'un de ses nombreux voyages dans le Piémont. Bonheur.

Le dernier point fort ? Une terrasse intérieure parfaite pour les beaux jours, en plein cœur de Flagey.

EN Opening a restaurant serving only pasta and excellent Italian wine might seem like a very basic idea, yet it is simply brilliant. Ever since Gazzetta opened in Ixelles, we realized we didn't need much else. Le Petit Racines took the concept a step further, making the pasta themselves, every morning in their workshop on the premises. Though the idea is simple, execution is left to the pros.

Ugo and Francesco, who we already know from Racines, their gourmet Italian restaurant a few meters down the street, have got everything right. The pastas are amazing, and yet, it is in their value for money that Petit Racines really stands out. Five types of pasta dishes are always on offer, from Tuesday to Sunday, with prices ranging from 12 € to 18.50 €. Traditional Italian recipes is what the menu is all about, coming from all corners of Italy. Among them, the delicious Ragu Modenese with its beef-cheek-and-oxtail-based sauce, served on wheat and spelt pappardelle in regular (130g – 16.50 €) or large (180g – 18.50 €) portions. All pastas are made from Belgian organic wheat and eggs – except for the spaghetti, made without eggs specially for vegan customers. And as for gluten intolerants, there is always a risotto recipe available as well. If really hungry, we can only recommend to start with the amazing Gran Tagliere (18.50 €) – to share of course. A personal favorite: their amazing Gorgonzola, so delicate it could easily pass for the finest brie. Wash it all down with a glass of red Dosset from Pincipiano (4.50 €), one of Francesco's latest discoveries from his previous trip to Piémont. Simply perfect.

And last but not least, their hidden terrace at the back, perfect for sunny days, right in the heart of Flagey.

PANACEA
LUNA

Vini Divini

Enoteca italienne / *Italian enoteca*

24 rue du Berger
1050 Ixelles
+32 2 502 03 80
vini-divini.eu

Menu 5 services / 5-course tasting menu : 60 €

FR C'est plutôt chez Vincenzo qu'on vient manger, lorsqu'on s'installe chez Vini Divini. Le chef italien originaire de Naples tient son petit resto, littéralement de la taille de deux anciennes places de parking, depuis maintenant 21 ans. Si vous n'en avez pas encore entendu parler, c'est parce qu'on se trouve ici dans un lieu assez intimiste, rempli principalement d'une clientèle d'habitués.

Pour y aller, il faudra prévoir votre coup, deux, trois semaines à l'avance. Comptez même quatre, si vous voulez une table le week-end. Une fois assis parmi les élus, laissez-vous faire. Vincenzo et Élise – sa seconde depuis maintenant 13 ans –, proposent une cuisine d'inspiration, sous forme d'un menu 5 services (60 €) qui change chaque jour en fonction du marché. À l'intérieur, une vingtaine de places tout au plus, optimisées au mieux selon l'espace. Si on a de la chance, on s'assoira au comptoir, pour assister au spectacle. Autour de nous, des boutellles de vin jusqu'au plafond, pour satisfaire même les plus grands connaisseurs de vins italiens. On commence par un Prosecco (compris dans le menu), tout en observant chaque détail de ce joyeux bric-à-brac. L'ambiance est là : la musique bat son plein, et le restaurant, complet comme à son habitude, est bourré de charme et de bonnes énergies. Ça boit, ça rigole, et les plats commencent à arriver un peu partout. On commence avec une buffala, suivie de moules de bouchots, de délicieuses ravioles à la ricotta et aux cèpes séchés accompagnées d'un beurre-sauge, puis par un bar de ligne dont on se souviendra longtemps. Le clou du spectacle, juste derrière le superbe vin dont on a oublié le nom : la tarte au citron, avec son lemon curd comme on a rarement eu l'occasion d'en goûter. Une institution.

EN Saying eating at Vincenzo's when referring to eating at Vini Divini makes all the sense in the world. The chef from Naples welcomes his customers in his tiny restaurant – literally the size of two parking spots – as if it were his own home. Vini Divini has been open for over 21 years now, and if you still haven't heard of it, it's probably due to its size and the difficulty to get a table among the regulars in its extremely intimate setting.

To grab a table, make sure to book 2-3 weeks in advance, 4 to eat at the counter at weekends. Once inside, let the chef and his team guide you. Vincenzo and Elise – his sous-chef for 13 years now – offer inspired and seasonal Italian cuisine in a five-course tasting menu (60 €) to about 20 customers a night. We find ourselves surrounded by wine bottles from floor to ceiling, satisfying even the greatest Italian wine enthusiasts. We start with a glass of Prosecco (included in the menu), while observing each detail of the happy mess around us. The atmosphere is fantastic: the music is loud, the restaurant full – each and every evening – and the place is extremely charming and filled with good vibes. Surrounded by customers drinking and laughing, the dishes slowly start to arrive on the tables. The menu starts with a buffala, quickly followed by bouchot mussels, delicious ravioli filled with ricotta cheese and boletus mushrooms and served in a butter-sage sauce, then an amazing line-caught sea bass we still remember. The hit of the show: the lemon pie, with a lemon curd like we never had the chance to try before. An institution, to say the least.

Café Tulipant

Bar de quartier / *Local café*

25 place Fernand Cocq
1050 Ixelles
+ 32 2851 31 80
cafetulipant.be

Plat du jour / Special : 12 €
Brunch le samedi et le dimanche / Saturday & Sunday brunch

FR Planté sur la place Fernand Cocq, en plein cœur d'Ixelles, le Café Tulipant attire le regard avec sa jolie façade recouverte de carrelage vert d'eau et sa grande terrasse, dont la parfaite exposition au soleil entend bien faire concurrence à celle du Belga.

À l'intérieur, on a gardé le carrelage de l'ancien restaurant Le Cocq, gratté les murs pour révéler des briques noircies par l'ancienne cheminée et révélé plusieurs couches de peinture et de papier peint. Un rideau rouge épais empêche le froid de rentrer, et au fond, un grand bar en pierre accueille la préparation des cocktails. Sur la gauche, une cuisine ouverte, et à sa fenêtre, un bouquet de tulipes. Le Café Tulipant tient son nom de l'ancienne Auberge Tulipant qui se tenait jadis à la place de la maison communale d'Ixelles, et dont l'entrée était précédée d'un parterre de tulipes. L'esprit et la poésie de l'époque y ont d'ailleurs été disséminés çà et là par petites touches.

En choisissant son apéro, on ne pourra s'empêcher de sourire en lisant un « Je t'observe longuement, rejoins-moi », glissé sur la carte entre deux bières au fût, ou en tendant l'oreille pour entendre les dernières notes de « *Ne me quitte pas* » de Jacques Brel.

En guise de plat du jour, on est loin du spaghet' bolo du café du coin. La cuisine est gourmande et élégante, préparée par le chef dans un seul but: rendre les gens heureux. Et c'est réussi, vu notre plaisir en goûtant le chou farci de chantilly et de ganache au chocolat brésilien, caramel de tatin et meringue au Matcha (5 €). Une adresse qui deviendra très vite un incontournable.

EN Strategically located on the Place Fernand Cocq, right in the heart of Ixelles, Café Tulipant's lovely sea-green tiled facade and sun-exposed terrace immediately caught our eye.

Inside, the old floor tiles belonging to the former Le Cocq restaurant have been kept, while the walls have been scraped clean to reveal bricks darkened by time and layers of paint and wallpapers. By the front door, a heavy red curtain protects customers from the cold, while at the back, cocktails are mixed at a large stone bar in the evening. On the left, an open kitchen with a bunch of tulips adorning its windowsill. The Café Tulipant takes its name from the previous Auberge Tulipant which once stood on the plot now taken up by Ixelles' City Hall, and previously by a beautiful tulip garden. You can find bits and pieces of poetry and romanticism from back then scattered everywhere, from the decoration to the menus.

We couldn't help but smile when, going through the drinks menu, we came across the sentence "I've been looking at you for so long, come join me", or when we heard the final chorus of Jacques Brel's "Ne me quittes pas".

As for the food, you won't find spaghetti Bolognese here. The food is extremely creative and elegant, made with a single goal in mind: make the customers happy. A clear «mission accomplished» when the dessert at our table: a chou filled with 65 % Brazilian chocolate ganache, served with apple caramel, Matcha meringue and pear and mango compote (5 €). A very promising café indeed.

GIN TONICS
BULLDOG
12
UNGAVA
12
GIN MARE
13,5
GIN SEA
12
APÉRITIFS
CAVA
SPRITZ
KIRR
Limoncello
Amaretto bio

Limoncello
Amaretto bio
12
13,5
12

Le Fabiola

Bar à vin / *Wine bar*

52 rue Lesbroussart
1050 Ixelles
facebook.com / lefabiola

Vins au verre / Glasses of wine: 4,50 € – 7 €
Tapas : 3 € – 25 €

FR Si vous connaissiez déjà le Cheese and Wine Café à l'époque, vous ne serez pas dépaysés en entrant au Fabiola. À l'intérieur, la déco est restée principalement la même : des murs en briques rouges et de grandes tables en bois à partager, pour faire connaissance avec son voisin. Sur les murs, des étagères de bouteilles et, la petite touche 100 % Fabiola : des références à la reine.

Quand Thibault et Olivier commencent à s'intéresser au vin il y a maintenant plus de 12 ans, rares sont les établissements spécialisés en la matière. C'est après avoir vécu quelques années en Espagne qu'ils décident de combiner le meilleur des deux mondes à Bruxelles : du vin espagnol, du boudin belge servi façon tapas, et l'effigie de la reine Fabiola ; symbole belgo-espagnol à son paroxysme. Mais leur offre ne s'arrête pas là. En ouvrant Le Fabiola il y a six ans, Olivier et Thibault ramènent également d'Espagne la mode des ginto' et la culture des tapas, alors encore peu répandues à Bruxelles. Aujourd'hui, une belle sélection de gins figure toujours à la carte.

Côté tapas, au boudin liégeois s'ajoutent la burrata, le pan con tomate, le serrano, le camembert au grill avec chorizo et miel – un indétrônable –, ainsi qu'une dizaine d'autres petites assiettes ou planches à partager. Les vins sont principalement espagnols, avec quelques vins français, quelques vins en importation directe, et une chouette sélection de vins natures et bio, qui grandit au fil des années. On aime s'installer sur cette petite terrasse en bord de trottoir pour attraper les derniers rayons de soleil, tout en sirotant un verre de Vividor, un vin rouge coup de cœur un peu rock 'n'roll (27 € la bouteille), en regardant les passants défiler.

EN If you already knew the Cheese and Wine Café, you won't be lost walking into Le Fabiola. Inside, most of the interior has remained unchanged, from the red brick walls to the long shared wooden tables. On the walls, shelves filled with wine bottles, and lots of references to Queen Fabiola, all making this place something unique.

When Thibault and Olivier first got into wine, over 12 years ago, only few places in Brussels seemed to be specialized in that field. After living for a few years in Spain, they both decided to combine the best of both worlds: Spanish wines, white pudding from Liège and pictures of Queen Fabiola all around, a symbol of this double culture. But their offer doesn't stop there. When opening Le Fabiola six years ago, they also brought back the gin and tonic craze from Spain, where it had only just started, as well as the concept of tapas. Today, they still have a cool selection of gins on offer, while their range of tapas has grown considerably.

Other than white pudding, there is also *pan con tomate*, burrata, serrano ham, grilled camembert cheese served with honey and chorizo – clearly the hit of the house – and about a dozen more. Wines are mostly Spanish, with a few from France, a few directly imported, and a nice selection of natural and organic wines, growing every year. We loved taking a seat on the little terrace outside to catch the last rays of sun, sipping a glass of Vividor, a red wine we discovered here and love (27€ the bottle) and watching the world pass by.

Van Meenen, Parvis, Porte de Hal

La Petite Parisienne

Café & pâtisseries bio / *Organic pastry shop*

5 place Maurice Van Meenen
1060 Saint-Gilles
+32 2 687 88 81
lapetiteparisienne.be

FR La Petite Parisienne, c'est Katia, parisienne de souche et bruxelloise d'adoption. Après avoir travaillé chez Les Filles et fait l'école de pâtisserie Ferrandi à Paris, elle se spécialise dans ce domaine. D'abord en vendant ses pâtisseries sur Efarmz. Ensuite, et c'est là que ça nous intéresse, en ouvrant son propre salon de pâtisseries place Van Meenen. Sa particularité : il s'agit de la première pâtisserie 100 % certifiée bio à Bruxelles.

À ses côtés, en cuisine comme en salle, Alice, Santiago et Sonia, avec qui elle bossait déjà chez Les Filles. Un pur hasard, dont elle ne se réjouit pas moins pour autant. Sur le comptoir, on trouve des petites tartelettes, des scones, des brownies, des financiers, ainsi que de la baguette et de la brioche de chez Hopla Geiss. On s'approche un peu plus pour demander conseil. Le cheesecake repose sur une pâte de citron confit, à base de citrons cuits six fois pour enlever l'amertume. Une tuerie, nous dit-elle. Mais c'est plutôt la nouvelle recette du jour qu'elle veut nous faire essayer : une tartelette aux poires avec une ganache au chocolat. On sur-valide : la tartelette a notre bénédiction pour rejoindre le comptoir. Les pâtisseries changent tout le temps, en fonction des envies de l'équipe et des produits disponibles. Le week-end, deux « gros » gâteaux sont également disponibles, à commander plutôt à la part. Et le matin, c'est la formule café, scone et confitures maison (3,80 €) qui retient notre attention. Au fond, sur le grand plan de travail de la cuisine ouverte, Katia prépare une tarte rustique aux fraises et à la rhubarbe. La salle est idéale pour donner des cours de pâtisserie, et quelque chose nous dit que ça ne saurait tarder. Une jolie adresse pour une pause sucrée à Saint-Gilles.

EN Katia, is the Petite Parisienne. Originally from Paris, she's been in Brussels for quite some time now. After working at Les Filles and learning pastry-making at Ferrandi in Paris, she's now specialized in pastries. First, she sells her homemade pastries online on Efarmz. Then, and that's when things start getting interesting, she opened her own pastry shop on Place van Meenen. What's so different about her place? It's the only certified 100 % organic pastry shop in Brussels.

By her side, in the kitchen and serving in the shop, are Alice, Santiago and Sonia, with whom she already used to work when she was at Les Filles.
In the counter by the entrance: small tartlets, scones, brownies, financiers and baguette and brioche from Hopla Geiss. Difficult to choose, we need some advice. The tiny cheesecake is made with candied lemon paste, homemade from lemons cooked six times in total to remove all their bitterness. Simply amazing, she says. But she decides to have us try her latest creation, helping her decide if it can make it to the counter or not. We try the pear and chocolate ganache tartlet. A bomb. The pastries here change all the time, depending on the daily inspiration. At weekends, two "big" cakes are also available, which you can order by slice.
And in the morning, we gotta say we got hooked by the scones + coffee + homemade jam breakfast combo (3.80 €). At the back, on a big kitchen table, Katia has started preparing a rustic strawberry and rhubarb pie. The setting is perfect to host cooking classes, and something tells us it won't be long before she announces the first one. We're just happy to have discovered such a great spot in Saint-Gilles for coffee and sweet treats.

HALLO
L'ATELIER C'EST PAR LÀ!
Bio
welcome
RAMÈNE TA FRAISE ET TON TUP-TUP
La petite parisienne
C'est une pâtisserie généreuse, gourmande, une cuisine
avec des ingrédients sains. Moins de sucre pour plus de saveurs
Venez goûter, regarder et même pâtisser avec nous !
TAKE YOUR TIME
PÂTISSERIES de SAISON
Good Food
LEKKER

25

Fernand Obb

Comptoir de cuisine populaire / *Belgian street-food counter*

27 rue de Tamines
1060 Saint-Gilles
+32 2 771 91 08
fernand-obb.be

Croquette de crevettes / Shrimp croquette : 7,50 €

FR Remettre au goût du jour la gastronomie populaire belge, c'est le défi que s'est lancé Cédric, bruxellois de souche. Et c'est bien de gastronomie qu'on parle ici, car si la fricadelle figure en tête de menu, sa recette maison se situe à mille lieues de celle de ses consœurs bien connues des fans de fritkots. Et elle est plutôt bien accompagnée puisqu'on retrouve à ses côtés sur le menu des croquettes de crevettes (7,50 € pièce) – celles-là même qui ont dégoté le prix des meilleures croquettes de Bruxelles –, des croquettes de fromage, un américain, divers burgers ou encore du saumon fumé maison avec son pistolet (11 €). Le tout accompagné de sauce « ouille-ouille » (sauce piquante aux oignons et à l'ail), et on est aux anges. Pas question pour autant d'en faire de trop. Chez Fernand Obb, tout est bon, fait-maison, mais surtout, reste accessible à tous. Car si ce comptoir saint-gillois sans prétention regroupe sur sa carte le top de la cuisine populaire belge, c'est bien populaire qu'il compte rester. Ici, les vieux de la vieille et les *echte* brusseleirs du quartier se mélangent avec plaisir à la jeunesse branchouille saint-gilloise ou aux familles le week-end. Et en été, tout ce beau monde s'attable ensemble à la grande terrasse ensoleillée à l'arrière, parfaite pour déguster sa croquette avec un verre de blanc de chez Tarzan.

Chez Fernand Obb, les références au quartier sont omniprésentes, de la déco – avec la jolie porteuse d'eau peinte sur céramique, emblème de Saint-Gilles, – jusque dans le nom de l'établissement: Obb comme l'expression « Ob Bruxelles », autrefois utilisée pour désigner la commune. Oui mais, et Fernand? C'est le prénom du chat de Cédric, tout simplement.

EN Bringing a contemporary twist to Brussels' most loved street-food icons was the one goal Cédric set himself when opening Fernand Obb. And though you're sure to spot the word "fricadelle" in big letters on the black menu, this one is miles away from the ones you normally get served in Brussels. But this place is not just about fricadelles. Next to it on the board: shrimp croquettes (7,50 €) – the exact ones which won the award of best shrimp croquettes in Brussels –, cheese croquettes, the traditional Belgian *américain*, all sorts of burgers, and even some home-smoked Scottish salmon served with its pistolet (11 €). Pair the whole thing with some "ouille ouille" spicy sauce, and you'll reach Belgian street-food heaven. Though the quality of the ingredients is excellent and everything is homemade, Fernand Obb insists on everything also being affordable. Its whole concept is to serve authentic food, and to remain authentic to its beloved customers. Here, true *echte brusseleir* blend in with the younger crowd, with families joining in at weekends. In the summer, you'll find them all sitting together in the sunny garden at the back, enjoying their shrimp croquettes with a glass of white from Tarzan.

Symbolic references to the area go with the decor, from the colorful tile painting of a water carrier – the emblem of Saint-Gilles –, to the name of the place itself. Obb comes from the old local expression "Ob Bruxelles", formerly used to refer to Saint-Gilles. And Fernand, you might ask? Well it's the name of Cédric's cat, nothing less.

Charlie Meerbergen

Dans 5 ans, peut-être
In five years, maybe

FR Charlie et Loïc ont fondé Belga & Co il y a maintenant 5 ans. Rapidement, les deux amis sont passés d'un projet de production et de torréfaction artisanale à la conception et l'ouverture de bars à café de spécialité. Aujourd'hui, leurs trois bars – Bailli, Saint-Boniface et Anvers – cartonnent et offrent sans aucun doute un des meilleurs cafés de la capitale. Et c'est aussi le QG de Brussels' Kitchen.

EN Charlie and Loïc founded Belga & Co five years ago, quickly moving on from coffee sourcing and production to the opening of specialty coffee bars. Today, their three bars – Bailli, Saint-Boniface and Antwerp – are a hit, offering some of the best coffees in Brussels. And they also happen to be the HQ of Brussels' Kitchen.

FR Tu peux nous en dire plus?
Je ne buvais pas de café jusqu'à ce qu'on commence, il y a 5 ans. Mais j'ai toujours adoré l'odeur du café, et l'ambiance qu'il y a autour. La famille de Loïc était dans l'importation de café, il était né dedans. Il me disait « moi, ça m'amuserait de faire de la production artisanale dans le café ». Et puis un jour il m'a dit « Tu ne voudrais pas faire ça avec moi? » Et du coup, on a commencé à réfléchir et on s'est inscrit pour une formation chez Probat en Allemagne. On était sur la waiting list pendant trois mois. Le jour où on a commencé à écrire notre business plan, on a reçu un mail disant que deux places s'étaient libérées. On a annulé nos vacances en Provence et on est parti. J'étais vendu. On a alors commencé avec la production et la torréfaction. On savait que dans le futur, ce serait cool d'avoir un bar à café, mais ce n'était pas dans notre plan de base. C'était « dans 5 ans, peut-être ».

Ton adresse préférée à Bruxelles?
Mon adresse préférée, c'est très facile, c'est Le 203. Quand je l'ai testée la première fois, on ne connaissait pas encore très bien Richard et Mathilde. Mais c'était surtout pour la simplicité, et la qualité des plats. La présentation est simple, mais tu vois qu'il y a quand même du travail derrière, et que c'est recherché. Et question prix-qualité, je trouve qu'il n'y a pas mieux. Après, on y est vite retourné, je crois la semaine d'après. Et puis ensuite, on y est retourné je crois toutes les deux semaines, et finalement c'est devenu des potes. Mais ce n'est pas pour ça que c'est notre resto préféré. À la base, on y est retourné souvent parce qu'on adorait le cadre, on adorait la bouffe, et c'était surtout le fait de découvrir de nouvelles choses.

Ton souvenir culinaire le plus marquant?
Quand on a été chez Friture René pour la première fois. Parce que, depuis toujours, quand je vais au resto, je prends un steak-frites-béarnaise saignant. J'ai toujours pris ça parce que je n'habitais pas en ville, et le resto, c'était beaucoup plus exceptionnel. Chez Friture René, j'adorais le concept et le cadre, et quand on a goûté l'entrecôte, c'était juste incroyable. Parce que c'était la première fois de ma vie que j'ai même aimé manger la graisse. Parce qu'elle fondait en bouche, et qu'elle avait vraiment du goût.

EN Could you tell us more?
I wasn't a coffee drinker up until we started 5 years ago. But I've always loved the smell of coffee, the atmosphere around it. Loïc's family was in the coffee-importing business, and he grew up surrounded by coffee. He used to say that he'd love to hand-craft coffee. And one day, he asked me whether I wanted to team up with him. So we started thinking and we signed up for a training course at Probat in Germany. We were on the waiting list for three months. The day we started writing our business plan, we got an email saying two people had cancelled. We cancelled our holidays in Provence and travelled there to see if I was interested in the product. I was convinced. Then we started the production and roasting of coffee beans. We thought it would be cool to open a coffee bar later on, but it wasn't our initial plan. It was more like, "in five years, maybe".

Your favorite place in Brussels?
My favorite place is Le 203. The first time we went, we didn't really know Richard and Mathilde. But it was mostly because of the simplicity, and the quality of the dishes. The presentation is quite simple, but you notice all the hard work, with nothing left to chance. And it's good value for money. There's no better place, I think.
We quickly returned, just the week after. We ended up going there once every two weeks, and then became friends. But that's not why it's our favorite restaurant. Basically speaking, we go there for the setting, the food, and also to discover new things.

Your strongest food memory?
That's hard. But actually I think it's the first time we went to Friture René. Because ever since I've been going to restaurants, my favorite dish has always been steak and fries, cooked rare, with bearnaise sauce. I didn't always live in a big city, and going out for a meal was kind of an exception. Friture René, I just loved the interior and the concept, and when we tried the rib-eye steak, it was just incredible. Because it was also the first time in my life I enjoyed eating the fat. It melted in my mouth, it was so tasty.

Poulet rôti au citron
Lemon roasted chicken

Charlie Meerbergen

Pommes de terres / *Potatoes*

Huile d'olive / *Olive oil*

Citron vert / *Lime*

Harissa

Ail / *Garlic*

Un poulet entier / *A whole chicken*

Romarin / *Rosemary*

Citrons / *Lemons*

Jeunes oignons / *Spring onions*

Tomates cerises en grappes / *Cherry tomatoes*

Sucre de canne / *Cane sugar*

FR **Spicy potatoes:**
Je cuis les pommes de terre pendant dix minutes à l'eau.
Après, je fais un mélange avec l'huile d'olive, le citron vert, la pâte de harissa, l'ail, le sel, le poivre. Ensuite, je mélange tout aux pommes de terre et je mets au four. Et après, je rajoute toujours un peu de citron vert. Je laisse au four pendant 1h30, à 150-170°C .
Et pour finir, 5 minutes au grill. Plus c'est cuit à l'eau, plus ça va devenir croustillant au four.

Poulet citron romarin:
Je mets du citron et du romarin dans le poulet, et c'est tout.
Par au-dessus, je rajoute un peu de citron, et puis je fais un petit mélange eau, huile d'olive, jus de citron et romarin, avec lequel j'arrose le poulet toutes les dix minutes. Et puis, je rajoute des jeunes oignons parce que j'adore ça.

Tomates confites:
C'est une recette de ma tante que je fais depuis dix ans maintenant.
Huile d'olive, poivre, sel et sucre de canne, qui fait que ça caramélise un peu. Et romarin.

EN **Spicy potatoes:**
The potatoes are first boiled for about ten minutes in water.
Then, I prepare a mixture with olive oil, lime, harissa paste, garlic, salt and pepper. Afterwards, you mix in the potatoes and put everything in the oven. I always add a bit of lime too. It's in the oven for about an hour and a half, at 150-170°C. After that, five minutes under the grill. The more you boil the potatoes before, the crispier they will get in the oven.

Chicken with lemon and rosemary:
I put lemon and rosemary inside, and that's it. On top, slices of lemon, and I prepare a mixture with water, olive oil, lemon juice and rosemary, and pour it over the chicken every ten minutes while it cooks. And spring onions, because I love them.

Candied tomatoes:
It's a recipe from my aunt that I've been doing for ten years now.
Olive oil, pepper, salt and cane sugar, which gets the tomatoes to caramelize.

L'Alchimiste

Café & cantine vegan / *Coffee & vegan food*

59 rue de Savoie
1060 Saint-Gilles
+32 2 534 69 13
facebook.com/alchimiste.cafe

Petit déj' / Breakfast : 2,20 € – 8 €
Lunch : 6 € – 12 €

FR Dans le fond, la grande bibliothèque, adossée contre le mur en briques et devancée par un petit coin salon, nous donne l'impression d'avoir atterri dans l'appart' d'un millenial. Ce sont les petites tables de bistro en marbre, les chaises en formica et les quelques freelances studieux greffés à leurs ordis qui nous rappellent qu'on se trouve dans un café, plutôt cosy et chaleureux, à deux pas d'Albert et de la place Van Meenen.

Côté petit déj', on découvre une carte saine et gourmande, où le sans-gluten, sans-lactose et les laits végétaux sont mis à l'honneur par Perrine, qui a repris le café Parade pour en faire L'Alchimiste. Mais que les puristes se rassurent, ils trouveront leur dose de sucre et de gras dans les croissants et pains au chocolat, livrés chaque matin par la boulangerie végétale Succulente. Le Bircher quinoa yaourt coco (6 €), me fait de l'œil, tout comme l'açai (8 €) ou le granola (6 €). Mais c'est le toast banane-peanut butter qui sortira vainqueur, sans aucun regret. Alors que midi approche, L'Alchimiste semble tout à coup pris d'assaut par les passants affamés du quartier. Mais même bondé, le lieu reste calme et paisible – tout comme les freelances, imperturbables. Ce n'est qu'en commandant mon toast « curry style » que je percute enfin que l'endroit est 100 % vegan. J'en ressortirai épatée par ce faux-poulet-curry à la protéine de soja et au chutney de mangue (6 €), sans aucun doute un des meilleurs que j'aie jamais goûté – vegan ou pas. Le houmous aux petits pois se défend plutôt bien aussi, et cette première expérience m'aura convaincue de revenir découvrir le reste des suggestions – chili sin carne, mozza ou pain de viande vegan – pour le moins intrigantes.

EN Filled with as many random objects as books, the big bookshelf set against the red brick wall and flanked by small sofas and vintage carpets, had me feel as though I'd just stepped into a millennial's apartment. The small bistro marble tables, the Formica chairs and a few freelancers half-hidden behind their computer screens reminded me that I'm in a café. Located between Albert and Van Meenen squares, it's actually quite cozy there.

The breakfast offer is somewhat on the healthy side, with a ton of gluten-free, dairy-free and plant-based milk options, put together by Perrine, who took over the Café Parade and turned it into L'Alchimiste. Croissants and *pains au chocolat* are delivered each morning by the plant-based bakery Succulente, should you need your fat and sugar fix. The quinoa Bircher muesli with coconut yoghurt (6 €) and the banana and peanut butter toast with honey (6 € as well) were making eyes at me. So were the granola and the acai. Tough decision. As I devoured my toast without any regrets, and the day slowly started to lean towards lunch hour, L'Alchimiste became filled with hungry neighborhood customers. Even then, the atmosphere was still extremely peaceful and quiet, as were the freelancers who remained engrossed on their Macbooks. Only as I ordered my "curry style" toast did I realize the place is 100 % vegan. The fake chicken-curry soy protein toast with mango chutney definitely ranked among the best chicken-curries I've ever had – whether vegan or not. The pea hummus was not bad either, and this first extremely positive experience had already set me thinking about what I will be eating the next time I pop in here – vegan mozzarella, chili sin carne or vegan meatloaf? Too soon to tell.

The Wild Lab

Petit déj' & Buddha bowls / *Breakfast & Buddha bowls*

44 rue Antoine Bréart
1060 Saint-Gilles
+32 478 22 60 20
thewildlab.be

Petit-déjeuner / Breakfast : 5,50 € – 9 €
Lunch : 10 € – 14 €
Brunch : 22 €

FR Si on ne compte plus les néocantines bruxelloises, il en va tout autrement pour les spots à petits-déj'. Rares sont les cafés, et même les plus bobos d'entre eux, qui dévient du traditionnel duo couque au choc'-croissant. Quel plaisir donc de découvrir enfin la carte du Wild Lab. Si vous avez encore du mal avec les açai, graines de chia, ou mousses d'avocat, voici peut-être l'occasion d'envisager une réconciliation. Tandis que si, au-delà de la hype, vous adorez déjà ces petits-déj' plein de couleurs, de goût, de vitamines et d'autres supers aliments, vous trouverez votre bonheur au Wild Lab.

Derrière le comptoir et en cuisine: Stéphanie, consultante en nutrition et cheffe autodidacte. Passionnée, elle apprend sur le tas lors de ses nombreux voyages et différentes missions. Katherine, de son côté, a depuis un bout de temps lancé le site Everybody Agrees, où elle revend fringues et accessoires éthiques – marques belges, matériaux recyclés, non traités ou en coton bio. C'est donc tout naturellement que les deux filles se retrouvent à ouvrir ensemble une cantine-boutique, où il fait bon manger healthy et s'habiller responsable. Du matin à l'après-midi, on y déguste smoothie bowls, granola, chia pudding, toast banane et peanut butter, ou encore œufs pochés et avocat. À midi, une carte courte, afin d'assurer fraîcheur et disponibilité des produits. Le Buddha bowl du jour, à base d'aubergine rôtie, sauce yaourt-tahin, grenades, houmous maison et halloumi est une tuerie. Et pour le brunch, la formule à 21€ défie toute concurrence à coups de galettes de patates douces, coconut bowl et pain perdu (les trois ensemble oui oui). Un seul conseil: précipitez-vous-y, les places y sont comptées.

EN While healthy lunch options are rapidly taking hold of the capital, interesting breakfast offers remain scarce. Even the coolest cafés rarely stray off the beaten path, offering croissants and cookies as the only options with coffee. You can imagine the delight we experienced on discovering The Wild Lab's breakfast menu. If you're still having a hard time with acai, chia or avocado bowls, then maybe this is your chance to make up. And if you already truly love these colorful, delicious and healthy breakfasts, then you'll find exactly what you are looking for at The Wild Lab.

Behind the counter and in the kitchen: Stéphanie, nutritionist and self-made chef. Passionate about healthy food, she acquired most of her skills while travelling around the globe. Katherine had already launched her website "Everybody Agrees" a while back where she was selling sustainable clothing and accessories - Belgian brands or brands working with recycled materials, organic cotton and so on. It was the obvious thing to do for both girls: to team up to open this café-boutique, where healthy food and sustainable fashion go hand-in-hand. From morning till late afternoon, you'll find smoothie bowls, granola, chia puddings, banana with peanut butter toasts or even eggs with avocado. A smaller lunch menu is updated every week, in order to keep everything fresh and available. The daily Buddha bowl with roasted eggplant, tahini-yogurt sauce, homemade hummus, pomegranate and halloumi was by far the best lunch we had that week. For brunch, their 21€ menu defies all competition, offering sweet potato patties, a coconut bowl and French toast (yes, all three of them together). Just a bit of advice: go early, there are only so many seats.

Holy Smoke

Smokehouse & bar à bourbon / *Smokehouse & Bourbon Bar*

9-10 avenue de la Porte de Hal
1000 Bruxelles
holysmokebrussels.com

Plats / Mains : 16 € – 26 €
Plateaux de viande / Meat platters : 39 € – 69 €

FR Pour Agathe et Gabriel, passionnés par les États-Unis et surtout par ce qu'ils ont à offrir, Holy Smoke était un projet de longue date. Pendant 4 ans, le couple sillonne le sud des Amériques de part en part, afin de dénicher non seulement la Rolls des barbecue-fumoirs, mais également les whiskeys les plus singuliers, les petites brasseries artisanales et les fournisseurs de ce qui fera le parfait morceau de viande. Un challenge pour ces deux Français installés à Bruxelles, où cette tradition du barbecue façon Texas se fait encore si rare.

C'est dans le quartier de la Porte de Hal qu'Holy Smoke voit le jour, et troque finalement son food-truck contre un superbe espace industriel. À l'entrée, ledit fumoir vaut le détour : une bestiole de plusieurs tonnes importée directement de Dallas qui garantira à la viande une cuisson et une fumaison parfaite tout en douceur (entre 4 h et 20 h), et sans jamais de contact direct avec les braises – à l'opposé de nos barbecues traditionnels. Il vous faudra donc impérativement venir le soir si vous voulez accéder à la totalité de la carte : certaines viandes finissent leur cuisson juste à temps pour le service.

Côté bœuf, c'est 100 % Black Angus, et on se délecte de la spécialité de la maison, le Brisket : de la poitrine de Black Angus fumée pendant 20 h (23€). Avec ça, on goûte aux travers de porc fermier, qui se détachent à peine effleurés par notre couteau (20€). Les plats sont accompagnés de cornbread, coleslaw, pickles, sauces maison et d'un side au choix; pommes de terre grenailles au beurre fumé ou choux de Bruxelles rôtis au citron. Une adresse incontournable pour les amateurs de viande, mais pas seulement.

EN Passionate about the States but most of all by what the country has to offer, opening Holy Smoke was a long overdue project for Agathe and Gabriel. Before opening their own place, the couple spent 4 years in the southern part of the States in search of the ultimate barbecue, but also of the rarest whiskeys, the most authentic craft breweries and a supplier who'd provide them with the best meat cuts. A real challenge for the two Frenchies living in Brussels, a city where the Texan barbecue tradition is little known.

Holy Smoke opened in the Porte de Hal area, exchanging its shiny food truck for a brand-new space. Entering the restaurant, you immediately stumble over the smoker : a huge black barbecue imported straight from Dallas which gives any meat that perfect tenderness and smoky flavor, slow-cooking it (from 4 to 20 hours) without grilling it. You therefore have to come for dinner if you want to get a taste of their full menu : some of their meats only end their cooking just on time for service.

Their beef is all Black Angus, and we just loved the house specialty, the Brisket : a cut of Black Angus brisket smoked for 20 hours (23€). Along with that, we tried the delicious farmers' pork ribs (20€), where the meat almost fell off the bone when we gently prodded it with our knives. All meat cuts come along with homemade cornbread, coleslaw, pickles, homemade sauces, and a choice of sides : Grenailles potatoes with smoked butter or roast Brussels sprouts with lemon. Without a doubt a must-try for meat-lovers and anyone else wishing for a one-way ticket to the South of the U.S.

TAYLOR
TAYLOR
KNOB
FEW
CAMPARI

La Charcuterie

Épicerie et cave à manger / *Restaurant and deli*

16 avenue Paul Dejaer
1060 Saint-Gilles
+32 2 850 88 12
facebook.com/lacharcuterie16

Petits plats / Small plates : 6 € – 18 €

FR C'est dans cette ancienne charcuterie classée au patrimoine de la ville de Bruxelles qu'Olivier et sa femme Ana ont décidé d'ouvrir leur restaurant. Un choix pas vraiment anodin puisque la façade ainsi que la première pièce, classées et pourtant abandonnées depuis plusieurs années, nécessitaient des rénovations considérables – à l'identique. La Charcuterie, elle, appartenait à Marguerite et René, jusqu'en 1978. Aujourd'hui, il en reste uniquement le carrelage sur les murs, le grand comptoir et le billot – meuble en bois sur lequel René nettoyait autrefois ses viandes. Le reste – les crochets de boucherie, la tente solaire, les vitraux et les boiseries – ont dû être reproduits à l'identique, en se basant sur des archives. Un travail titanesque, qu'Ana et Olivier mettent aujourd'hui à l'honneur, en redonnant vie à cette ancienne charcuterie.

De la charcuterie, ils n'ont gardé que le nom et l'intérieur. À la carte, ce sont des petits plats d'influence plutôt méditerranéenne, à partager au gré de ses envies. Aucune contrainte ici, on peut y venir juste pour un verre et une assiette, comme pour une dizaine. L'appétit vient en mangeant, nous dit Olivier. Pour nous, ce sera chipirons à la basquaise, chou-fleur braisé, gambas à la plancha et boudin noir avec purée de châtaignes. Mais avant de goûter à tout ça, Olivier nous apporte des petits toasts avec une tapenade au persil, huile d'olive et anchois. La base de la cuisine piémontaise, nous dit-il. On se régale. Sa cuisine a des airs de vacances, et on ne fait qu'une bouchée des énormes gambas et du reste des plats, accompagnés d'un verre de vin nature, de chez Titulus, entre autres. Ce qu'on adore : tout ce qui est à la carte est disponible à emporter.

EN Olivier and his wife Ana chose this old *charcuterie* and delicatessen to open their restaurant in Brussels. A key choice, as the place was heritage-listed, it had been abandoned for many years, and required major renovation work to restore to its original state. Up until 1978, the Charcuterie was owned by Marguerite and René. Before the renovation, all that was left of the old shop were the tiled walls, the big counter and the chopping block where René used to cut and clean the pieces of meat. All the rest – the butchers' hooks, the awning, the windows and the woodworks – had to be remade to the very last detail, using the archives for reference. A Herculean task, yet one giving this previous delicatessen a new life thanks to Ana and Olivier.

All that remains of the Charcuterie today is the name and the interior. On the menu, the small dishes to share show the Mediterranean influence. Order one, two or a dozen, depending on how hungry you are. Appetite comes with eating, says Olivier. We ordered baby squid à la basquaise, braised cauliflower, prawns a la plancha and black pudding with chestnut cream. But before starting on all this, Olivier brought us toasts topped with a spread made of parsley, olive oil and anchovies – the essence of the Piedmont cuisine. They were delicious. Olivier's cooking had us feel as though we were on vacation, and we devoured each and every dish, washing them down with natural wine, from Titulus among others. What we love about the place: every single ingredient featured in the menu is available to buy at the counter.

Tandem

Bistronomie & vins / *Bistronomy & wine*

41 avenue Adolphe Demeur
1060 Saint-Gilles
+32 2 537 75 85
facebook.com / restotandem

3 services avec accords / 3-course meal with pairing: 50€
Menu lunch / Lunch menu: 25€

FR Depuis leur comptoir, Pierre et Pierre me font goûter à un cappuccino de moules de bouchot – l'entrée du lunch – dont ils se régalent chacun dans de grandes assiettes à soupe. «Ce qui est bien, c'est qu'il y en a plein», dit Pierre entre deux cuillères. Pierre – le chef – m'explique qu'il s'agit d'un simple jus de moules, monté au beurre. Comme pour le reste de sa carte, il a choisi le meilleur: de saison, local et en grande majorité bio. Une petite bombe même si sa spécialité, c'est l'œuf parfait (14€), qu'on retrouve chaque mois à la carte dans différentes déclinaisons. «Là, on va continuer sur les champignons, mais ce sera bientôt le début des asperges.» Il se réjouit.

Pierre – le sommelier – m'explique le pourquoi du mot Tandem. L'idée, ils l'avaient bien avant l'ouverture de Rubis, le bar à vin de Pierre juste en face. Avec leurs copains de chez Oki, Inada, et Le Coin des Artistes, ils formaient la bande idéale pour faire le tour des restos, déguster de bons pinards et fantasmer sur ce resto qu'ils ouvriraient un jour. Le temps pour Pierre – le chef – de faire ses armes au Châlet de la Forêt, au Seagrill, ou encore à l'Auberge du Vieux Puits. Le tandem, c'est celui de la cuisine et du vin, du chef et du sommelier. Inspirés par Alain Senderens, l'inventeur des accords mets-vin en personne, ils piochent chaque mois parmi leurs amis – chefs, sommeliers, critiques culinaires – pour finaliser ensemble la nouvelle carte et les nouveaux accords. Pierre, ça fait plus de deux ans qu'il achète des bouteilles pour ce resto où on retrouve plus de 400 références. Son envie pour la suite: proposer aussi des accords avec de la bière, notamment avec de la bière à la betterave qui s'accorderait divinement avec le canard.

EN Standing behind the counter, Pierre and Pierre have me try their mussel cappuccino – left over from the day's lunch menu. "I love how there are just so many of them", says Pierre, pointing at the many mussels in the soup while handing me a spoon. Pierre – the chef – tells me that the secret lies in the mussel juice and the right amount of butter. The cappuccino's fantastic. But his real specialty seems to be the perfect egg, always prepared with the season's best ingredients. Very soon, he says, barely containing his enthusiasm, we'll pair it with asparagus.

Pierre – the sommelier – tells me more about the word Tandem, which they chose together to name their restaurant. The idea had been in their minds for a long time, even before the opening of Rubis, Pierre's wine bar across the street. With their chef and sommelier friends from Oki, Inada and Le Coin des Artistes, they were the perfect team to go out to eat, drink, talk and dream of the restaurant they would open one day. While dreaming, Pierre trained at Châlet de la Forêt, Seagrill and l'Auberge du Vieux Puits - just to name a few. The real tandem here is the one between food and wine, chef and sommelier. Inspired by Alain Senderens, the first ever chef to apply wine pairing in a restaurant, each month they invite a bunch of friends – chefs, sommeliers and food critiques – to try out and approve their new menu and wine pairings. For the past two years, Pierre has been buying hundreds and hundreds of bottles, and now has a beautiful list of some 400 wines. What's next? Beer pairing probably. The Swiss "A Tue-Tête" beetroot beer seems to be a great success when paired with their roasted duck.

Café Flora

Bar de quartier / *Local bar*

16A parvis de Saint-Gilles
1060 Bruxelles
+32 2 644 04 61
facebook.com / cafeflora1060

Petit-déj' / Breakfast : 4 € – 9,50 €
Portions du soir / Small plates : 6,50 € – 15 €
Cocktails : 7 € – 10 €

FR Laissé à l'abandon depuis les années 80, la rénovation du somptueux bâtiment de l'Aegidium se faisait plus qu'attendre. Implanté au milieu du Parvis de Saint-Gilles depuis 1905, avec ses grandes salles de bal, son amphithéâtre et sa salle mauresque, son usage était autrefois hautement culturel. Aujourd'hui, on en retrouve seulement les vestiges – classés, cela va sans dire – avec encore çà et là d'anciennes fresques, vitraux ou carrelages d'origine. À l'avant, côté Parvis, s'y tenait autrefois un bar mythique : le Café Flora.

Après avoir été tour à tour une banque, une mutuelle, et encore bien d'autres choses, la restauration du Café Flora était une étape clé dans ce projet de restauration plus global, dont on a hâte de découvrir la suite. À ses manettes, Thomas et Pascal, qui après avoir bossé comme gérants dans de nombreux bars et restos bruxellois – on se souvient d'ailleurs avoir croisé leurs visages au Dillens et au Crab Club entre autres – rêvent d'ouvrir leur propre bar. En 2018, l'ancien Café Flora devient « T'es pas prêt », un pop up test qui validera leur projet. Épaulés par Lionel Jadot à l'archi, et atelier J&J au mobilier, ils réouvrent enfin en 2019 un Café Flora flambant neuf, avec des touches de velours et des couleurs pop façon design milanais, et une déco inspirée du mouvement Memphis des années 80.

Côté bar et cuisine, c'est un service continu du matin au soir, en cochant toutes les cases, du petit déj', jusqu'aux cocktails. Tandis que côté Parvis, on peut difficilement louper leur terrasse jaune canari que le soleil fait étinceler du matin jusqu'à l'heure de l'apéro.

EN The renovation of the magnificent Aegidium building, completely abandoned in the late 80's, had been long overdue. Built in 1905 in the center of Parvis de Saint-Gilles, with its beautiful ballrooms and theatre halls, its main purpose used to be mainly cultural. Today, all we find is what's left of it : beautiful bits and pieces of mural paintings, stained glass windows and original tiles. At its front, looking out onto the Parvis, a mythical bar used to stand : the Café Flora.

After being transformed into a bank, a health insurance company and a bunch of other things, the renovation of the old Café Flora was a huge step in a much larger renovation project. In charge : Thomas and Pascal, whose faces we directly recognize from Crab Club and Dillens, among other places. Working as managers in numerous restaurants and bars in Brussels, the two friends had always dreamt of opening their very own bar. In 2018, they launched "T'es pas Prêt", a test pop-up on the same premises, to validate their plans. Helped by famous architect Lionel Jadot and furniture designers J&J Atelier, they finally reopened a brand-new and shiny Café Flora in 2019. The premises are huge and impressive; the colorful velvet touches remind us of Milanese design and the furniture of the Memphis design movement of the 80's.

Food-and drinks-wise, the bar and kitchen are open from breakfast to cocktails. From the Parvis, Café Flora is hard to miss : its bright yellow terrace shines from early morning until nightfall.

Robinet

Bar de quartier / *Local bar*

136 boulevard de Waterloo
1000 Bruxelles
instagram.com/robinetbrussels

Sandwichs : 4,50 € – 6,50 €
Brunch : 4,50 € – 12 €

FR C'est la dernière adresse de Frédéric Nicolay, ce serial-ouvreur de bars Bruxellois, qu'on connaît déjà trop bien. Encore une fois, il frappe juste, dans un quartier plein de potentiel, entre le Parvis et les Marolles. Depuis quelques années, on a vu la Porte de Hal prendre de nouvelles couleurs, grâce à l'ouverture de chouettes enseignes comme Chouconut, Holy Smoke, Boulengier ou encore le Crab Club (du même auteur). Robinet s'ajoute à cette belle bande ; un « petit » bar de quartier comme on les aime, où il fait bon venir à toute heure. L'innovation cette fois-ci : le café. Frédéric est allé chercher Nath, ex-Belga & Co, qui prépare le cappuccino comme personne, et qui fait autant de différence au bar qu'un bon chef en cuisine.

Niveau food, focus sur le pain maison, préparé par le chef Yannick Van Aeken (ex-Noma et ex-Oficina), qu'il tranche sur place à l'aide d'une grosse machine vintage – au moins aussi stylée que pratique – le trademark de Frédéric. On trouvera à midi des gros sandwichs toastés, aux tranches épaisses comme à New York, farcis de saumon, de houmous, ou encore façon BLT, ainsi que des salades de saison, des fritatas ou quiches – toujours maison. Niveau brunch, c'est encore le sandwich toasté qui domine, avec cette fois des œufs pochés, du bacon, de l'avocat, du granola, et tout ce qu'on peut attendre d'un brunch – le Bloody Mary et le Mimosa en bonus.

Autre point fort : les boissons sans alcool. Yannick prépare ses limonades fermentées lui-même, ainsi que son sirop de sureau ou son thé à la menthe fraîche ; une tuerie à base de sirop de menthe marocaine maison. Et finalement que dire de la terrasse, si ce n'est que l'ouverture de Robinet coïncide pile-poil avec le retour du soleil.

EN Robinet is the latest venue launched by Fréderic Nicolay, the serial bar-opener we already know far too well. Once again, he has picked the perfect location, in an area full of potential yet less developed than its surroundings, between Le Parvis and Les Marolles. In the past couple of years, interesting bars and restaurants have opened in Porte de Hal, turning it into a real foodie destination. Robinet has now joined the hype, along with Chouconut, Holy Smoke, Boulengier, the Crab Club and many more. Robinet is all about coffee. Nath, ex-Belga & Co, prepares cappuccino like no other, making as much difference behind the bar as a good chef does in the kitchen.

Food-wise, the focus is on bread, homemade by Yannick Van Aeken (ex-Noma & ex-Oficina) and sliced in a big vintage slicer, as stylish as handy – clearly Frédéric's trademark. Lunch is all about New York-inspired thick toasted sandwiches, filled with salmon, hummus or BLT style. Some seasonal salads, frittatas and quiches are also available on a daily basis. For brunch, sandwiches are served paired with brunch classics: poached eggs, avocado, bacon and granola – though the real highlights are their Bloody Mary and Mimosa.

Another good thing about Robinet: all the non-alcoholic drinks are homemade by Yannick. We recommend the fermented lemonades or the elderflower syrup, though our personal favorite is definitely the mint tea, made from Moroccan mint leaf syrup mixed with hot water. Let's not forget their sunny terrace either - the opening of which marks the beginning of summer. Coincidence? I think not.

Open from 8am to late
Flat bread
plates
Salads
Aperitifs

The Modern Alchemist

Bar à cocktails & rhum / Cocktail & rum bar

55 avenue Adolphe Demeur
1060 Saint-Gilles
themodernalchemist.be

Cocktails : 10 € – 15 €
À grignoter / Small bites : 3 € – 7 €

FR Lors de notre venue, c'est Christopher qui nous accueille au Modern Alchemist. Le bar vient à peine d'ouvrir et il termine encore sa mise en place mais son accueil n'en est pas moins chaleureux. Installé à quelques mètres de la place Van Meenen depuis décembre 2018, le Modern Alchemist a déjà fait parler de lui. Ce n'est pas surprenant; avec ses deux associés Sébastien et Benjamin, Christopher fait les choses bien. Spécialisés dans le rhum, c'est plus de 70 références qu'ils offrent à leurs clients. Mais attention, il ne s'agit ici que de rhums traditionnels, non modifiés. Ça donne des choses assez surprenantes, comme ce rhum Herr 57 de la marque Savanna aux arômes de fraise Tagada, auquel Christopher a dédié un cocktail.

Niveau savoir-faire, on est tout aussi scotchées. Notre Milky Way (15 €), un mélange de plusieurs rhums, d'amaro et de bitters, a été clarifié au lait. Christopher nous explique que ce processus permet à ce cocktail initialement noir et trouble d'obtenir une transparence impeccable. Le goût est tout aussi impressionnant; puissant et délicat, et délicieusement lacté.

Pas fan de rhum ? La carte propose aussi une jolie sélection de cocktails signature à base de mezcal, de gin, de whisky. L'envie des trois associés: faire découvrir leur univers en toute humilité. En discutant avec Christopher, on se rend rapidement compte que leur vision ne s'arrête pas aux cocktails de qualité. L'envie de faire les choses de manière durable saute également aux yeux. En plus d'utiliser des pailles en alu, ils récupèrent la peau des fruits pour faire leurs propres sirops, l'eau des pois chiche de leur houmous pour l'aquafaba, et adaptent leurs cocktails en fonction des saisons. Une adresse qui a tout bon.

EN The first time we came, Christopher was the one who welcomed us at the Modern Alchemist. Though the bar had only just opened and he was still working on the finishing touches, he gave us a warm welcome nonetheless. Located a few meters away from the Place Van Meenen since December 2019, The Modern Alchemist has already got many people talking. And we're not surprised. He and his two business partners, Sébastien and Benjamin, seem to have come up with the right recipe. Specialized in rum, they offer over 70 different types to their customers. But not just any rum : all have been made according to the traditional method, without additives. The result is sometimes quite surprising, like this Herr 57 by Savanna, tasting like Tagada straweberry candy – which Christopher has dedicated an entire cocktail to.

We're just as blown away by their know-how. Our Milky Way cocktail (15 €), a mix of different rums, amaro and bitters, has been clarified with milk. Christopher tells us that this process allows this initially dark and cloudy cocktail to become perfectly transparent. The taste is just as impressive : powerful and delicate, with subtle hints of milk.

Not a rum fan ? Their menu has a nice selection of signature cocktails with mescal, gin and whisky too. The goal of the three partners is to share their passion with their customers. Talking with Christopher, we quickly realize that their vision doesn't stop at quality cocktails. The will to do things in a sustainable way is just as obvious. Aside from using metal straws, they also use fruit skins to make syrup, the chickpea water from their humus to make aquafaba, and they adapt their cocktails to the seasons. A bar that's got everything right.

Stéphanie, Sablon, Chapelle

Néocantines

Restos

Bars

Liu Lin

Street-food Taïwanaise vegan / *Taiwanese vegan street-food*

20 rue Haute
1000 Bruxelles
+32 2 455 08 30
facebook.com / liulin.be

Plats / Dishes : 13,50 € – 15,50 €

FR Tout en bas du Sablon, dans ce petit bout de rue Haute qui fait le lien avec le bowling Crosly, vient d'ouvrir une nouvelle néocantine: Liu Lin. Liu comme l'une, Lin comme l'autre. Les deux sœurs d'origine taïwanaise ont donné leurs prénoms à leur enseigne, qui comme elles, affiche un mode de vie 100% vegan.

À la carte, ça ne saute pas vraiment aux yeux au premier coup d'œil: beignets de calamars frits, tempuras de scampis, «crunchy chicky» – vous avez le droit d'être confus. Tout ça n'est pourtant que subterfuge pour vous faire manger de l'igname, du tofu, ou encore du soja, aux airs de viande tellement réels qu'on s'y méprendrait. D'abord plutôt sceptique – pourquoi tout ce ramdam quand on pourrait simplement manger de super bons légumes? – on comprend mieux une fois qu'on approfondit la question avec Liu. «C'est facile de faire manger des légumes aux gens qui mangent déjà des légumes.» Pas faux. Le but de Liu et de Lin est tout autre: convertir au végétal les plus carnivores de leurs clients. Et apparemment c'est plutôt réussi, car les deux filles n'en sont pas à leur première enseigne. Avec deux établissements vegan à Leuven, elles auraient déjà pas mal d'ex-carnivores à leur palmarès. On goûte au crispy chicky bowl (13,50€), un bol de «poulet pané», légumes marinés, cacahuète et sauce aigre-douce, et à la «Joyful Taiwan dumpling noodle soup» (14€), une soupe de nouilles de riz traditionnelle taïwanaise. La soupe est une bombe: les shiitakes grillés sont super gourmands, les petits raviolis aux légumes délicieux et le bouillon est plein de saveurs.
Le crispy chicky est plutôt réussi aussi, accompagné d'une petite sauce maison à base de poivrons et de piment. À tester absolument.

EN Right down at the end of the Sablon, on that tiny piece of street connecting it to the Crosly Bowling Center, a new lunch joint has just opened: Liu Lin. It's run by two sisters, Liu and Lin, hence the name. And what the two sisters have in common is a 100% vegan way of life.

On the menu though, things are not that obvious. Fried calamari rings, shrimp tempuras or "crunchy chicky" seem like run-of-the-mill items when browsing through the list of dishes. Confused? So were we. This is actually nothing but a strategy to get customers to eat igname, tofu or soy beans, disguised as meat. Now the question is, why go through all that trouble when seasonal veggies are just the real thing? Well, it's easy to get veggie lovers to eat veggies, say Liu. But it's another thing to convert meat lovers to a plant-based diet. With two vegan restaurants in Leuven and quite a few meat-lovers already among their regular customers, the two girls know exactly what they're talking about. We tried the Crispy Chicky (13.50€), a bowl of breaded "chicken", marinated seasonal veggies, peanuts and sweet and sour sauce, and the "Joyful Taiwan dumpling soup" (14€). The traditional noodle soup was simply delicious: the grilled shiitakes were cooked to perfection and the little vegetable homemade ravioli were amazing, as was the broth of the soup itself. The Crispy Chicky was not bad either, though a little short on sauce – quickly solved with a little bowl of homemade bell pepper and chili sauce brought to our table by Liu. Still wondering if you should give it a try?
The answer is yes, absolutely.

belgian taste

EPICERIE
belgian taste

PISTOLET
PISTOLET
VEDETT
PISTOLET
HAPPY
5
YEARS

Pistolet Original

Néocantine belgo-belge / *Authentic Belgian sandwiches*

Sablon
24 rue Joseph Stevens
1000 Bruxelles
+32 2 880 80 98

Galeries
44 rue des Bouchers
1000 Bruxelles
+32 2 880 44 06

Pistolets : 4,80 € – 9,30 €

FR On se rappelle avec le sourire ces dimanches matins où, encore en pyjama, on attendait que notre papa revienne de la boulangerie avec couques, cramiques, craquelins et pistolets sous le bras. On n'allait pas encore bruncher à l'époque, mais les dimanches à la maison n'en n'étaient pas loin. Granulés en chocolat, américain, confiture-fromage ou crevettes grises, tout passait sur nos pistolets. Ce sont ces mêmes souvenirs d'enfance et cette même émotion que Valérie a voulu recréer en ouvrant le premier Pistolet au Sablon, il y a presque 6 ans déjà. Le pied dans l'horeca, elle l'avait déjà depuis longtemps, notamment en faisant de la consultance – pour La Villa Lorraine entre autres. Mais après un certain temps, c'est pour elle qu'elle a eu envie de travailler. Tellement de chouettes nouveaux concepts de cantines voyaient le jour à Bruxelles, et pourtant aucune d'elles ne mettait justement à l'honneur la gastronomie belge de notre enfance. C'est de ce constat qu'est venue l'idée. S'en est suivie une recherche acharnée à travers les meilleures boulangeries du pays pour trouver un pistolet encore digne de ce nom : à la croûte croustillante et à la fois élastique, la mie moelleuse, et bien sûr, en forme de fesses. Finalement, c'est Yves Guns, dont on connait déjà le travail fantastique, qui s'est prêté au jeu en créant une recette de pistolet spécialement pour Valérie. À l'intérieur, c'est un véritable tour de la Belgique qu'elle vous propose : bloempanch, maquée, boudin noir, crevettes grises de la Mer du Nord. Valérie s'est éclatée à peaufiner chacune de ses recettes, pour représenter au mieux le patrimoine gastronomique de notre plat pays, et les faire tenir dans un petit pain en forme de fesses.

EN We still remember with a smile those Sundays when, still in pajamas, we would wait for our dad to come back from the bakery with couques, cramique, craquelin and pistolets. We didn't really go for brunch back then, but Sundays at home were as close as we can get to today's brunch expectations. Chocolate chips, américain, jam and cheese, grey shrimps – nothing was ever too much to be spread onto our pistolets. It's because of those childhood memories and emotions that Valérie initially opened the first Pistolet Sablon, almost six years ago now. She had already been working in the hospitality business for a while, doing consultancy for restaurants, for La Villa Lorraine among others. After a while though, it started to feel like working for herself would make the most sense. Lots of new food trends were coming into Brussels at the time, but none of them seemed to do justice to our childhood Belgian food memories. That's where she got the idea. She then went on a quest across Belgium to find the best pistolet: one that would be both extremely crunchy on the outside and soft on the inside, and that would of course be shaped like a butt. In the end, Yves Guns, whose fantastic bread we already know, was the one she chose to create a pistolet recipe specially for her. Going through the menu, Valérie takes you on a tour across Belgium, offering the most traditional and forgotten ingredients like bloempanch, maquée, black pudding, grey shrimps from the North Sea to top your pistolet. She told us she had the most fun coming up with all of these recipes and perfecting them to represent Belgian's food heritage as best as she could – and of course, to make them fit into a little butt-shaped bun.

Pois Chiche

Cantine libanaise / *Lebanese food bar*

15 place de la Chapelle
1000 Bruxelles
poischiche.be

Plats / Mains : 6 € – 14 €
Brunch : 13 € – 15 €

FR Après Semsom et My Tannour, c'est au tour de Pois Chiche de venir secouer la scène des néocantines du Moyen-Orient à Bruxelles. Des snacks libanais, il y en a des centaines, nous explique Yezen. Pourtant, très peu d'entre eux arrivent à jongler avec tous les éléments qui font une chouette cantine aujourd'hui. Avec son associé Thomas, ils ont pris le parti de travailler avec des ingrédients de qualité, mais pas seulement. Le grand comptoir en mortex a été pensé sur mesure pour l'endroit, tout comme les étagères en verre, qui accueillent désormais une dizaine de bocaux de pickles maison. Au fond, une grande banquette et des puits de lumière donnent un air cosy et plutôt relax à l'endroit. Les deux associés voulaient ouvrir un fast-food avec une chouette idéologie, un projet global abouti dans les moindres détails. Ça passe par les ingrédients locaux et bio pour la plupart bien sûr, mais aussi par une chouette playlist, une déco chaleureuse, une jolie vaisselle en céramique, des sirops maison. En scannant rapidement la carte, on se rend compte que l'entièreté de leur offre est végétarienne. Pourtant, pas question de se présenter de la sorte, car il s'agit tout simplement de recettes traditionnelles libanaises, qui ne seraient jamais associées à une étiquette végétarienne là-bas. Difficile de choisir entre l'assiette Berloumi (à base de halloumi confectionné en Belgique), l'assiette falafel, chou-fleur frits ou encore tous les dips maison. On craque pour les falafels faits minute, hachés traditionnellement au moulin à viande, pour une farce plus onctueuse. Pour le brunch, Pois Chiche propose même un shakshukah (13 €), une bonne raison à elle seule d'aller y refaire un tour.

EN After Semsom and My Tannour, Pois Chiche has recently joined the crew of cool Middle Eastern eateries in Brussels. There are thousands of Lebanese takeaways, says Yezen, but only a few manage to have all the key elements making a good restaurant today. He and his business partner Thomas decided to work with quality ingredients only, but not just that. The huge mortex counter by the entrance has been custom-made for the place, just like the glass shelves above it with their huge jars of homemade pickles. Further inside, a comfortable bench and skylights make the place pleasant and cozy. Wanting to create a food bar with a true vision, the two partners thought through every single detail: for the most part local and organic ingredients, a cool playlist, a warm décor, beautiful ceramic plates, homemade syrups, etc... Glancing through their menu, we realize that all their dishes are vegetarian. But when asked, Yezen says they try to avoid this label whenever possible. In Lebanon, this is not vegetarian food, it's simply food. Hard to pick between the Berloumi plate (Halloumi made in Belgium), falafel, fried cauliflower or the big selection of homemade dips. We end up going for the delicious homemade falafels, traditionally ground in a meat grinder for a smoother filling. For brunch, Pois Chiche even offers Shakshukah (13 €), a good enough reason in itself to make the journey.

Ugo Federico & Francesco Cury

Pour le plaisir de cuisiner
For the love of cooking

FR Ugo et Francesco tiennent les restaurants Racines et Petit Racines sur la chaussée d'Ixelles. Napolitain et Florentin de souche, passionnés de bons vins et de bonne bouffe, ils partagent leur amour et leur passion à travers la cuisine exceptionnelle d'Ugo et l'accueil ultra-chaleureux de Francesco. De loin une de nos maisons préférées à Bruxelles.

EN Ugo and Francesco run Racines and Petits Racines, two restaurants on the Chaussée d'Ixelles. Coming from Naples and Florence, they're both passionate about great food and amazing wine. They share their love and passion through Ugo's fantastic cooking and Francesco's exceptional hospitability. By far one of our favorite restaurants in Brussels.

FR Tu peux nous en dire plus?

Francesco: Racines est né y a plus que 10 ans, tous les dimanches et lundis, à cuisiner chez moi, à Florence. On passait nos semaines à penser à des recettes qu'on allait cuisiner le week-end chez moi. J'avais une toute petite cuisinière à gaz. On sortait le samedi soir, on se réveillait le dimanche vers 10-11h, on se faisait un petit déj' et on allait commencer à cuisiner. On est les deux personnes qui dormaient le moins du groupe. Et à 12h30, on ouvrait la première bouteille. C'est de là qu'est né Racines. Mais à ce moment-là, on ne savait vraiment pas qu'on allait ouvrir un restaurant.

Ton adresse préférée à Bruxelles?

Bozar Brasserie. Karen pour l'esprit, la tradition. Il arrive à rendre hommage à la tradition dans ses plats avec une précision maniaque. Il a un bagage de connaissances intellectuelles gigantesque, et en même temps, il arrive à faire du contemporain. C'est un restaurant où il y a une vraie cuisine, et une vraie équipe de cuisine qui travaille sur la matière première tout le temps. En fait c'est un peu comme notre vision de la cuisine et de l'artisanat. Et il est en même temps très humble. C'est un lieu où lui-même travaille, ce n'est pas un chef de cuisine qui met juste son nom. Il est le premier à être là.

Ton souvenir culinaire le plus marquant?

Francesco: Ugo et moi, on s'est connus il y a 15 ans, et pendant au moins dix ans, on a parcouru l'Italie du nord au sud pour bouffer dans les meilleurs restaurants. Il y avait un petit restaurant, qui n'existe plus, qui s'appellait la Pineta dello Zazzeri, face à l'Ile d'Elbe, sur la côte toscane. C'était une cabane en bois avec, à l'intérieur, une minuscule cuisine et la terrasse sur le sable. Pendant quarante ans, le mec a sublimé la cuisine toscane à base de poisson de façon extraordinaire. Notre souvenir le plus marquant c'était un bacalhau cuit vapeur avec une mayonnaise maison. Lui, c'était l'âme du lieu, un cuisinier incroyable qui respectait vraiment la matière première. C'était un pêcheur, et il cuisinait les poissons de la famille. Il arrivait à table avec son poisson. C'était un personnage. Un vrai chef italien qui fait de la cuisine parce qu'il aime cuisiner.

EN Could you tell us more?

Francesco: Racines was born over ten years ago, when every Sunday and Monday, Ugo would come over to my place in Florence to cook. We'd spend the whole week thinking about what we would cook the next weekend. I had a tiny kitchen. We would go out on Saturday night, then wake up around 10-11am on Sunday, go for breakfast, then start cooking. We were the two early birds among our friends. And around 12:30, we'd open the first bottle. That's how Racines saw the light of day. But at that time, we had no idea we were going to open a restaurant.

Your favorite place in Brussels?

Bozar Brasserie. Karen for his traditional spirit, and for the extreme precision he puts into each of his dishes. His knowledge of traditional cooking is huge, but at the same time he also manages to cook contemporary things. It's a restaurant with real know-how in the kitchen, with a great team making everything from scratch. It's very similar to our vision of cooking and of artisanal know-how. But at the same time, he's really humble. It's a place where he works, he's not a chef in name only. He's the first to arrive in the kitchen.

Your strongest food memory?

Ugo and I met 15 years ago, and for at least 10 years, we traveled throughout Italy, eating in the best restaurants. There was one little restaurant, alas now closed, that was called la Pineta dello Zazzeri. It looked out onto the Isola d'Alba on the Tuscany coast. It was a wooden shack, with a tiny kitchen inside and a terrace on the sand. The chef had been honoring Italy's fish cuisine for 40 years. Our strongest memory was a steamed bacalhau served with homemade mayonnaise. The incredible chef was the soul of the place, with a true respect for the ingredients he cooked with. He was a fisherman, he came from a fishermen family and used to cook the fish caught by the family. He would come to the table holding a fish in his hands.
A real personality, a true Italian chef cooking simply because he loved to cook.

Linguine Napoli

Ugo Federico & Francesco Cury

Pour 1 personne / *for 1 person:*

Ail / *Garlic*

3 anchois / *3 anchovies*

Une poignée de câpres au sel de Capri désalés pendant 24 heures dans de l'eau / *a handful of salted capers from Capri, unsalted in water for 24h*

Une poignée d'olives de Galleta ou de Kalamata / *a handful of galleta or kalamata olives*

Une poignée de tomates datterini coupées dans la longueur / *a handful of datterini tomatoes cut in half, length-wise*

130 g de linguine / *130 gr linguine*

FR C'est une recette donnée par la grand-mère d'un très bon pote à nous. On l'appelle linguine Napoli, parce qu'elle est napolitaine. Quand on est arrivés à Bruxelles, on mangeait ça beaucoup parce qu'on n'avait pas d'argent. Pâtes aux tomates, pâtes Napoli, pâtes aux tomates, pâtes Napoli.

On fait revenir la gousse d'ail dans l'huile, en l'écrasant avec le dos de la cuillère dans la poêle, mais on ne la coupe pas. Puis on rajoute les anchois. La chose la plus importante, c'est de faire ça à feu très doux, pour que les anchois se dissolvent mais ne brûlent pas. Quand les anchois sont bien mélangés à l'huile, on rajoute les olives. Moi, j'enlève les noyaux et puis je les laisse entières. Puis, on rajoute les câpres, puis les tomates, et on remonte le feu. Je casse un peu les tomates avec le dos de la cuillère. À ce moment-là, on peut décider si on veut un goût marqué par l'ail, alors on le laisse dedans, sinon on l'enlève. Moi j'aime bien le laisser jusqu'à la fin. Pour la cuisson des pâtes, il faut suivre les indications mais retirer les pâtes 2-3 minutes avant et terminer leur cuisson dans la poêle, comme un risotto. La pâte va continuer à absorber de l'eau, donc il faut ajouter à chaque fois des petites louches d'eau de cuisson, et continuer à mélanger. Et puis on goûte. À la fin, je rajoute juste un tout petit peu d'huile d'olive, et un peu d'origan pour donner un côté parfumé aux linguine.

EN This is a recipe handed down by the grandmother of one of our best friends. We call it linguine Napoli, because she's from Naples. When we first arrived in Brussels, we used to make it a lot, because we didn't have any money. Tomato pasta, pasta a Napoli, tomato pasta, pasta a Napoli, and so on.

Cook the garlic in olive oil, pressing it down with the back of a spoon, but not cutting it. Then, add the anchovies. The most important thing is to cook them at really low heat, so that the anchovies dissolve into the oil without burning. When they're well mixed in with the olive oil, add the olives. I like to remove their stones but keep them whole. Then, add the capers, the tomatoes, and turn up the heat. I slightly break the tomatoes with the back of the spoon. At that point, you can decide whether you want to leave the garlic in the pan or remove it. I like to keep it until the end. To cook the pasta, just follow the instructions, but remove them from the boiling water 2-3 minutes before the indicated time and finish cooking them in the pan, like a risotto. The pasta will keep on absorbing water and cooking in the sauce, so keep adding small ladles of pasta water until they're perfectly cooked. Then, you can taste. At the end, I like to add a few drops of olive oil, and a bit of dried oregano to give a nice flavor to the linguine.

TXOGITXU
11

Colonel

Steak-house de luxe / *Prime steakhouse*

24 rue Jean Stas
1060 Saint-Gilles
+32 2 538 57 36
colonelbrussels.com

Plats / Mains : 20 € – 35 €
Viande de la boucherie / Meat cuts : 8 € – 12 € / 100gr

FR C'est lors d'un séjour à Disney en Floride que l'idée de Colonel est venue à Benoit et à sa femme Anaïs. Ouvrir son propre restaurant, cela faisait 17 ans que Benoit en rêvait, sans en avoir vraiment jamais trouvé l'occasion. Lorsqu'il tombe nez-à-nez avec cet étalage de viande de boucher, où les morceaux sont mis en scène tels des produits de luxe, l'idée se précise. Réapprendre à manger de la viande de qualité, créer une steak-house à l'américaine où la viande serait présentée dans un comptoir de boucherie. Mais aussi recevoir chaleureusement ses clients comme on reçoit ses amis à la maison, et créer une interaction en leur conseillant un morceau plutôt qu'un autre, selon leurs goûts et leurs préférences. Anaïs, consciente de l'investissement que demande un tel projet, décide de rejoindre son mari en salle. Tous deux issus du milieu de la com' et de l'évènementiel, ils forment l'équipe idéale pour transmettre leur vision, et penser aux moindres détails qui contribueront à l'expérience de Colonel.

Le Colonel, c'est le grand-père de Benoit, un homme droit qui allait jusqu'au bout des choses. Un joli hommage rendu par le couple en ne prenant aucun raccourci pour atteindre les objectifs qu'ils s'étaient fixés. Le Colonel, c'est aussi le dessert préféré de Benoit, décliné avec toute son armée sur la carte des desserts. Mais la base du restaurant, c'est avant tout de la bonne viande, des bonnes frites et des bons légumes. Côté viande, ils auront mis des mois à apprendre les différentes techniques de boucherie et de maturation, et à sillonner la France à la recherche des meilleurs producteurs. Quant aux légumes, ils sont locaux et toujours de saison. C'est ce travail artisanal et la richesse du terroir qui est mise à l'honneur chez Colonel.

EN It was during a trip to Disney in Florida that the idea of Colonel came to Benoit and his wife Anaïs. Benoit had been wanting to open his own restaurant for the past 17 years, but had never found the right opportunity. When he came across the butcher's stand in the park, showcasing meat cuts as if they were luxury objects, the idea became clearer. To teach customers about how to eat good meat again, creating a quality American steakhouse where meat cuts would be displayed in a butcher's counter. But also to welcome guests as warmly as if they were friends dropping by for dinner, and advise them on different cuts according to their preferences. On launching the project, Anaïs was very aware of how much of her husband's time this would require, and decided to join the team to help out with the waitressing. Both had a background in communication and event-planning, and therefore made the perfect team to think of all the details that would contribute to a true Colonel experience.

The name Colonel came from Benoit's grandfather, a colonel who always wanted to get to the bottom of things. A beautiful tribute from the couple who left nothing to chance to achieve the goals they had set out for themselves. The Colonel is also Benoit's favorite dessert, featured in their menu with its whole army. But above all, the essence of the restaurant is good meat, good fries and good vegetables. Meat-wise, they took months to learn all the butchers' techniques and to travel throughout France to find the best farmers. As for the veggies, they're grown locally and are therefore always seasonal. At the end of the day, Colonel is all about highlighting local produce and artisanal know-how.

Le Local

Cuisine zéro déchet / *Zero waste cuisine*

51 rue de la Longue Haie
1050 Ixelles
+32 2 647 68 03
facebook.com/lelocalbxl

Lunch 2 services / 2-course lunch: 16 €
Menu 3 services / 3-course menu: 34 €

FR Sur le coin de la rue de la Longue Haie, succédant au restaurant De la Vigne à l'Assiette, a éclos une petite pépite d'un genre nouveau: Le Local. Plus qu'un restaurant, Le Local se veut véritable laboratoire innovant, réunissant dans une cuisine zéro déchet un ballet de chefs survoltés, unis par des valeurs communes.

Dans la petite salle arborant fraîchement une palette de vieux rose, de bleu nuit et de vert d'eau, on vient déguster une carte du jour préparée par Laura, une des deux fondatrices, que son acolyte Aubane viendra vous servir en salle. Le midi, c'est plat du jour, soupe et roskas (petites brioches d'origine séfarade), déclinés en plusieurs formules. On a goûté une excellente lasagne au potimarron (16 € avec entrée ou dessert) et un poulet fermier servi avec une tuerie de pesto de roquette.
Le vendredi et le samedi soir, on fait place aux menus, et à des suggestions un peu plus travaillées par Laura. On aime la possibilité d'accompagner son trois services (34€) d'un accord vin hyper abordable (14 €) sélectionné par Eddy Dandrimont, l'ancien propriétaire de La Vigne à l'Assiette.
C'est le mercredi que les choses s'emballent. L'apéro fait place au « Marrecredi », la pause du milieu de semaine bien méritée, et honorée par un guest-chef invité au Local. Fondants de céleri rave, risotto de petit épeautre, mini « pies » de viande et purée de panais; les tapas (entre 8 et 14 €) se suivent mais ne se ressemblent pas. Et le jeudi, place à un autre guest, cette fois en résidence au Local pour une période de six mois, pour le menu du soir. Le dénominateur commun à toute cette belle équipe: le rêve d'une alimentation plus juste, plus goûteuse, plus sensée, et l'envie furieuse de le réaliser.

EN On the corner of rue de Longue Haie, what used to be "De la Vigne à l'Assiette" has become Le Local, a totally new kind of restaurant. Positioning itself as an innovative food lab rather than a classic restaurant, Le Local combines a strong no-waste philosophy and a mix of super creative chefs united by a common dream and strong values.

Renovated in a beautiful palette of dusty pink, deep blue and sea-green, it is the perfect setting for a weekday lunch, prepared by Laura and served by Aubane, her business partner. Daily specials, soup and roskas (a type of stuffed brioche) are available in different combinations. We had an amazing pumpkin lasagna and a great roasted chicken with fabulous arugula pesto (16 € for two courses). On Friday and Saturday nights, Laura will cook a somewhat more sophisticated three-course menu (34 €), served with wine pairings (14 € for three glasses) selected by Eddy Dandrimont, the former owner of De la Vigne à l'Assiette. But it's on Wednesdays that things really get serious at Le Local. The usual evening drinks are replaced by a very special "Marrecredi": the perfect moment to cut the week in half and enjoy a few treats with a glass of wine or two. The interesting part: the tapas are made by a different guest chef every week. Celery flan, spelt risotto, meat pies with parsnip mousse (from 8 to 14 €) - the tapas you'll get at Le Local on Wednesday nights are just unrivalled. On Thursdays, you'll find yet another guest chef making the dinner menu, this time occupying the kitchen for a six-month spell.
But what really strikes us is the common dream of the team, for a more sustainable and sensible way of eating, and the shared determination to make that dream come true.

Les Brigittines

Brasserie belge / *Belgian restaurant*

5 place de la Chapelle
1000 Bruxelles
+32 2 512 68 91
lesbrigittines.com

Plats / Mains : 22 € – 32 €
Menu 6 services / 6-course menu : 75 €

FR Difficile de décrire une soirée passée aux Brigittines sans commencer par parler de son chef. Dès l'entrée, Dirk vous guide dans cet ancien bureau de poste reconverti en un des restos belgo-belges les plus incontournables de Bruxelles. Qui dit cuisine belge dit moules-frites, croquettes de crevettes et cabillaud aux crevettes grises. Mais pas seulement.

Dans ce splendide décor Art Nouveau à peine perceptible de la rue, le chef Dirk Miny sert une cuisine de brasserie certes, mais surtout une cuisine de terroir et de saison, gourmande et généreuse. Les crevettes grises et le cabillaud viennent de la Mer du Nord, et le veau du Limousin ne vient de nulle part ailleurs que du Limousin. La liste des produits et des fournisseurs est d'ailleurs affichée sur la carte, gage de qualité et d'engagement de la part de la team en cuisine – fière ambassadrice du mouvement Slow Food à Bruxelles. Côté recettes, on est loin de la carte de la brasserie du coin. Notre coup de cœur va d'ailleurs à la ventrèche de porc basque snackée, tartare de thon, citron vert et gingembre. Fan d'abats ? Vous devriez trouver votre bonheur parmi le bouillon de pis de vache, les tripes à la mode de Caen ou encore le vol-au-vent à la poularde de Bresse et aux crêtes de coq (28 €). Mais le vrai must est de vous laisser guider par le chef et son menu du marché, qu'il se fera un plaisir d'adapter selon vos goûts et ses produits de saison. À accompagner de champagne et d'accords vins (30 € pour la formule boissons) ou encore de Gueuze Cantillon, comme le conseille Dirk lui-même. Si la soirée est bonne et que vous tardez à partir, n'hésitez pas à lui demander de voir la cave. On ne vous en dira pas plus.

EN It would be hard to tell the story of Les Brigittines without mentioning its chef and owner, Dirk Miny. As soon as you enter, Dirk will himself guide you through this old post office turned into what is undoubtedly one of Brussels' most emblematic Belgian restaurants. If you think that Belgian cuisine rhymes with mussels and fries, shrimp croquettes and cod with grey shrimps, a surprise awaits you at Les Brigittines.

In this gorgeous Art Nouveau setting, almost hidden from the street, Dirk prepares a traditional yet seasonal and hearty cuisine, centered around quality ingredients. The grey shrimps come from the North Sea and the Limousin veal from no other region than Limousin itself. Quality is uppermost for this team, one of the first to join the Slow Food movement in Brussels and whose list of suppliers is proudly displayed on their menu. Menu-wise, the recipes are far more contemporary than what you'd usually expect from a local brasserie. Our favorite is the pork belly with tuna tartare with lime. Giblets fan? You should find what you're looking for among the cow's udder soup, the Caen-style tripe or the vol-au-vent with rooster combs (28 €). But what you should really go for here is the 6-course tasting menu, adapted by Dirk according to your preferences, the season and the catch of the day. To pair with champagne and wines (30 € for the drinks pairing) or, as the chef suggests, with Gueuze Cantillon. If the evening was good and you don't feel like going home quite yet, ask Dirk about the cellar. We'll keep the rest to ourselves for now.

Toshiro

Cuisine gastronomique / *Gourmet cuisine*

73 rue de la Source
1060 Saint-Gilles
+32 2 245 09 55
toshiro.be

Formule lunch / Lunch menu : 35 € / 50 €
Menu 5 services / 5-course menu : 70 € / 100 €

FR Toshiro Fujii, ou simplement Toshi pour la plupart des gens, s'était depuis longtemps fait un nom sur la scène gastronomique belge et bruxelloise. Après avoir passé 8 ans sous l'aile du chef doublement étoilé Sang Hoon Degeimbre comme sous-chef à L'Air du Temps, puis 3 ans comme chef et responsable des restos SAN, on avait largement eu l'occasion de découvrir sa cuisine. En 2017, Toshi nous avait même accompagné sur notre resto éphémère Eatcolor. Et c'est là que fut la révélation.

Toshiro est une ouverture qui coule presque de source, la suite d'une déjà très jolie histoire. Formé par le meilleur, Toshi a su créer une véritable identité dans ses assiettes ; celles-ci sont délicates, créatives, pleines de parfums et de couleurs, mais surtout, elles surprennent là où on ne les attend pas. Il décrit sa cuisine comme punk, et on est plutôt d'accord, même si au premier coup d'œil, on n'aurait pas forcément choisi ce mot.

En bouche, c'est une autre histoire. L'entrée du lunch (35 € en trois services), un velouté de chou-fleur au curry et langoustines, est explosive. C'est fabuleusement parfumé, piquant (!), et parfaitement équilibré. On ne s'attendait clairement pas à une telle explosion. On ne s'arrête pas en si bon chemin. La pluma ibérique du plat, une viande persillée et tendre à souhait, fond en bouche. Un vrai bonheur. Et sur l'assiette, de nouveau, ça explose : un condiment avec du citron confit, un pimiento del padrón, des épices, du riz. Chaque bouchée est une surprise. On termine avec un dessert de saison : fraises, chocolat blanc, matcha, citron confit, crumble – plus classique mais extrêmement gourmand. Une très jolie adresse pour les occasions.

EN Toshiro Fujii, or Toshi as most people call him, had long made a reputation for himself in Belgium and Brussels before opening his own restaurant. In his 8 years spent working as Sang Hoon Degeimbre**'s sous-chef at L'Air du Temps, and 3 years as head-chef at the SAN restaurants, we had had plenty of occasions to discover his cuisine. In 2017, he even participated in our monochrome pop-up restaurant Eatcolor.

Toshiro's opening was one that we could hardly await, the next chapter in a beautiful story. Trained by the best, he's managed to create a real identity around his dishes. His cooking is delicate, creative, full of flavors and colors, but more importantly it'll surprise you where you won't expect it. He refers to it as punk and, though we probably wouldn't have come up with the word ourselves, we definitely agree.

Dropping in for lunch, (35 € for three courses), our starter – a cauliflower, curry, coconut milk and crayfish soup – was explosive. The flavors were extremely intense, the soup spicy (!) and perfectly balanced. The Pluma Iberico meat we had next was so tender it literally melted in our mouths. And again, the flavors were like tiny explosions: candied lemon, pimiento del padrón, spices, rice. Each bite was a surprise. We rounded off our meal with a seasonal dessert; strawberries, matcha, white chocolate, candied lemon and crumble – definitely more of a classic here, yet as comforting as it gets. A beautiful destination for beautiful occasions.

MONEY
JUNGLE
LIVE@20H

Café des Minimes

Resto et bar culturel / *Cultural bar & restaurant*

60 rue des Minimes
1000 Bruxelles
+32 2 355 37 11
cafedesminimes.be

Lunch : 10 € – 18 €
Tapas : 4 € – 12 €
Cocktails : 7 € – 10,50 €

FR On s'y arrêtait déjà pour un café servi avec un Carambar, à l'époque où s'y trouvait encore le restaurant l'Arrière Pays. La petite place pavée, jouxtant l'église et la rue des Minimes, avec son énorme arbre planté au milieu, était suffisante à elle seule pour nous faire faire une halte. Depuis que le café des Minimes a ouvert, elle est devenue une véritable destination. On s'y retrouve pour le lunch, gourmand et toujours de saison, conçu par Régis (ex-chef Tero et Kitchen 151) chaque semaine. On goûte à la gaufre de patate douce, œuf mollet, shiitake de Bruxelles et chantilly au citron (15 €), et au suprême de volaille basse température, chicon braisé et crumble de boudin noir (16 €). C'est simple ; tout est bon, même très bon. Et pour les plus petites faims ou plus petits budgets, on retrouve toujours une tartine et une soupe à la carte, à 10 €.

Le soir, tout s'emballe. Les trois associés – Léo, Jean et Charles – ont décidé d'attacher autant d'importance à la programmation des soirées qu'à la carte. Côté cuisine, le lunch fait place à une liste de tapas qui change chaque saison, tandis que côté bar, les cocktails sont à l'honneur. Pour l'un comme pour l'autre, on travaille avec des produits locaux et du terroir. Le Spritz des Minimes (7 €), revisité avec du Red Vermouth de Biercée en est un bon exemple. Le mercredi soir, on y va pour le concert de Jazz, le vendredi, pour le DJ set, et le dimanche, pour le concert de rock. Une fois par mois, place au Comedy Club le mardi, et au dîner à quatre mains le lundi – à booker de toute urgence. Et le reste du temps, on est sûres d'y trouver notre compte entre café, tapas, lunch, cocktails ou vins natures. Et tout ça sur la jolie terrasse au soleil, bien sûr.

EN We often used to stop by for an espresso served with a Carambar candybar, back when the restaurant was still called L'Arrière Pays. It was simply hard not to : the small paved square seemed to be calling out to us, telling us to take a seat either in the sun or in the shade of the huge tree right in its center. Since it became the Café des Minimes, the little square has found its place on the food map. A place to meet up with friends for a hearty, seasonal and delicious lunch, prepared by chef Régis (ex-cook from Tero and Kitchen 151). We tried the sweet potato waffle with a soft boiled egg, Brussels Shiitake and lemon whipped cream (15 €), and the slow-cooked chicken supreme with braised chicory and baked apple (16 €). Everything was really, really good. And for smaller cravings, or lower budgets, they also have a tartine and soup, for 10 €.

In the evenings, things get really serious : the lunch menu is replaced by a tapas list, paired with delicious homemade cocktails and natural wines. Whether it's for the food or the drinks, the intention here is to work with small local producers. One good example of this is the Spritz des Minimes (7 €), spiced with red Vermouth from Biercée. Every week, they host a jazz concert on Wednesdays, a DJ set on Fridays, and a rock concert on Sundays. Once a month on a Tuesday, be sure to book your seat for the Comedy Club or and for a four-hands dinner with a guest chef on a Monday (you'll need to book in advance). There is no question you'll find exactly what you're looking for any other day as well ; pick between coffee, tapas, lunch, cocktails or excellent local craft beers. Seated outside in the sun, of course.

Vertigo

Bar à cocktails / *Cocktail bar*

7 rue de Rollebeek
1000 Bruxelles
+32 2 511 95 17
facebook.com/Vertigoboireetmanger

À partager / To share : 6 € – 25 €

FR On entre au Vertigo un peu comme dans un passage secret. Si le lieu n'est pas vraiment caché, ou encore moins l'adresse gardée secrète, il n'est pas pour autant évident à trouver. Repérez la porte cochère surmontée de l'enseigne L'Estrille du vieux Bruxelles, faufilez-vous le long du couloir sous l'arche de pierre, et vous aboutirez dans une des cours intérieures les plus typiques de Bruxelles. Les petites tables rondes à l'abri de l'agitation et les guirlandes qui traversent la cour de part en part en ont fait un de nos endroits de prédilection pour les chaudes soirées d'été. On se réjouit de trouver le parfait opposé à l'intérieur, pour les jours où le temps belge est quant à lui bien au rendez-vous. Feu ouvert, grosses poutres en bois surmontées de fer forgé, murs en briques rouges, grandes tablées illuminées de bougies et musique jazzy en font un bar à cocktails chaleureux et intimiste à la fois.

Derrière le bar, Ennio nous conseille sur la nouvelle carte des cocktails. Ayant d'abord fait ses preuves au Jalousy, le speakeasy du bas de la ville ouvert par Jérémie Renier et Renaud Deru, il est ensuite arrivé comme chef mixologue au Vertigo, ouvert par la même équipe, et en a profité pour redéfinir avec son frère une carte pointue et inventive. On tente « Le Nuisette » (14 €), un cocktail à base de tequila qu'Ennio pose sur un socle devant nos yeux. C'est là que la magie opère. Il revient et allume au chalumeau une branche de romarin avant d'emprisonner le tout dans une cloche en verre. Quelques secondes à peine plus tard, on goûte à un breuvage savamment fumé, délicat et sensuel, comme indiqué en italique sur la carte de cocktails. Une histoire d'amour qui ne fait que commencer.

EN Making your way into the Vertigo is not unlike discovering a secret passageway. Though the bar is not completely hidden nor the address kept secret, it just isn't that simple to find. Spot the alley entrance marked "L'Estrille du vieux Bruxelles", walk down the tiny alley and you'll end up in one of the most typical and best-preserved patios of Brussels. The round tables for two and the light garlands strung across the patio have made it one of our favorite spots for long summer evenings. We're also glad to find the exact opposite inside, for those (many) days of typical Belgian weather. Open wood fire, thick wooden beams on the ceiling, red brick walls, big shared tables with small candles and jazzy music make for a warm and intimate cocktail bar.

Behind the bar, Ennio guides us through the cocktail list. After training at Jalousy, the speakeasy a few streets down opened by Jérémy Renier and Renaud Deru, he's now head mixologist at Vertigo, opened by the exact same team. Together with his brother, they've come up with a creative and sophisticated list of cocktails. Following his advice, we tried « Le Nuisette » (14 €), a tequila-based cocktail brought to our table on a little wooden pedestal. That's when the magic happened.
A few seconds later, Ennio was back with a small blowtorch and set fire to a rosemary branch, which he then trapped together with the cocktail under a glass cloche. Twenty seconds later, we got to try a perfectly smoked cocktail, delicate and sensual, exactly like the menu said in italic characters.
A love story that has only just begun.

Bourse, Sainte-Catherine, Canal

Cafés

Néocantines

Restos

Bars

Café Capitale

Bar à café de spécialité / *Specialty coffee bar*

45 rue du Midi
1000 Bruxelles
+32 2 514 39 95
facebook.com / cafecapitale

FR À l'époque, on allait au Café de la Presse régulièrement, prendre un sandwich à midi ou un café-chantilly-Oreo dans l'aprèm'. Et puis, nos goûts ont commencé à évoluer, et ceux de François aussi. François Lafontaine, qu'on connaissait déjà bien pour avoir fait bouger la scène bruxelloise avec les Apéros Urbains, avait enchaîné avec l'ouverture de plusieurs chouettes cafés - Café de la Presse et Café du Sablon - où on aimait s'arrêter pour une pause (trop) sucrée. Et puis il y a cinq ans, François est tombé dans le café, le vrai, celui de spécialité qui prend petit à petit une jolie place à Bruxelles, et a revu sa manière de faire. Après avoir suivi toutes les formations et obtenu toutes les certifications possibles et imaginables, François ouvre Café Capitale sur la rue du Midi et au Sablon - deux vrais bars à café de spécialité. Avec ces ouvertures, il investit également dans la torréfaction, en plein cœur du quartier Dansaert, et commence également la production et distribution pour l'horeca - avec Fika et Robinet comme clients, entre autres. En plus de ces deux bars et d'allers-retours réguliers pour faire de la consultance agronomique sur les plantations de café, il donne aussi des formations autour de différents thèmes - dont la torréfaction, l'analyse du café et même une formation de barista, pour les barmen en apprentissage. Mais ce que j'aime surtout, c'est être derrière le bar - nous confie le serial entrepreneur bruxellois en changeant de vinyle sur le tourne disque du Café Capitale rue du Midi. Et c'est en effet là qu'on est allées le retrouver en cette matinée, pour commencer la journée avec un très bon café.

EN Years ago, we were the firsts to regularly go to the newly opened Café de la Presse, grabbing a sandwich for lunch or an oreo-cappuccino in the afternoon. Then, our tastebuds started to evolve, and so did those of François Lafontaine, the guy we already knew for his famous Apéros Urbains in Brussels. He had also launched Café de la Presse and Café du Sablon - two cool cafés where we loved to stop for a (very) sweet treat. And then five years ago, François fell for coffee, real coffee, the specialty type that's slowly taking hold of Brussels, and completely revamped his vision - and work. After attending all possible training courses and obtaining all kinds of certificates, he opened Café Capitale, a real specialty coffee bar on the Rue du Midi, and another one in the Sablon. He also invested in coffee roasting, with his own premises in Dansaert, and started to produce for cafés and restaurants in Brussels - with Fika and Robinet among his clients. Today, besides regularly going to the coffee plantations to advise farmers on various agronomic issues, he also gives classes and training courses on such topics as coffee roasting and coffee testing. He even offers a barista class for barmen. But what I love most of all, he tells us while changing the record on the turntable at Café Capitale Midi, is to work behind the bar. And that's exactly where we found the serial entrepreneur this morning, when we decided to start the day right with some really good coffee.

specialty coffee
breakfast & lu
juices & sof
pastrie
accessories

Mok

Bar à café de spécialité / *Specialty coffee bar*

196 rue Antoine Dansaert
1000 Bruxelles
+32 513 57 87
mokcoffee.be

FR Depuis plus de deux ans, on se rend chez Mok pour déguster un café de spécialité sur place, ou l'emporter jusqu'à son bureau si on bosse dans les alentours. Le bout de la rue Antoine Dansaert, presqu'à cheval sur le canal, n'en a pas encore fini de voir de chouettes adresses ouvrir. Et avec cette ribambelle de bars très cool signés Frédéric Nicolay, ces quelques restos et magasins de design, un bar à café était pile LA bonne adresse qui manquait dans le coin. Jens, propriétaire depuis déjà 2012 du premier Mok à Leuven, est passionné de café et travaille uniquement avec des importateurs de confiance pour aller dénicher les grains de petits fournisseurs qui savent tirer le meilleur de leur terroir. Les grains sont ensuite torréfiés à Leuven, dans le premier établissement, par batchs de 10 à 15 kilos maximum, afin d'avoir un réel contrôle sur la qualité. Il s'agit ici de «torréfaction douce», permettant de libérer un maximum d'arômes sans brûler le café. On goûte aussi à la limonade kombucha, à base de kombucha, de thé noir Ceylan et de feuilles de citron kéfir – délicieuse et super rafraîchissante, de quoi convaincre même les plus sceptiques. Derrière le comptoir, Doug maîtrise la mousse de lait de nos cappuccinos au lait d'avoine, tandis que depuis la cuisine, une incroyable odeur de cannelle envahit tout l'espace. Il s'agirait d'un banana bread tout juste sorti du four. Avec une odeur pareille, difficile de résister. On craque pour notre plus grand bonheur.

EN For over two years now, customers have been going to Mok to drink delicious specialty coffee on the spot or to take it away to their nearby offices. The end of Rue Antoine Dansaert, almost across the canal, seems to have become the place for super cool new openings these past few years, and we couldn't be happier. Side by side with a bunch of hip bars opened by Frédéric Nicolay, a few restaurants and design stores, a specialty coffee bar seemed the perfect addition to the neighborhood. The owner, Jens, a true coffee-lover, opened the first Mok in Leuven in 2012. Since the very beginning, he's only been working with reliable traders to get the best beans from quality coffee-growers. The beans are roasted in Leuven, in his first shop, in batches of 10 to 15 kilos maximum, to control the tasting profiles of the beans as closely as possible. We also tried his kombucha lemonade, made with kombucha, black tea and kefir lime leaves. Delicious and extremely refreshing, convincing even the most skeptical kombucha drinkers. Behind the bar, Doug perfectly mastered our cappuccinos made with oat milk – the only plant-based milk deemed good enough. We found ourselves engulfed by a strong cinnamon smell, making it hard not to ask where it came from. The answer was banana bread, fresh out of the oven. It didn't take much convincing for us to order a piece.

Le Phare du Kanaal

Néocantine et bar de quartier / *Lunch spot & local bar*

40 quai des charbonnages
1080 Molenbeek-Saint-Jean
+32 2 410 06 84
lepharedukanaal.com

Plat du jour / Daily special : 12 € - 14 €
Brunch : 20 €

FR Le Phare du Kanaal, c'est une charmante néocantine-café-bar, située « de l'autre côté du canal », comme le disent la plupart des Bruxellois. Et c'est vrai que, malgré son ouverture il y a quatre ans déjà, on n'avait que rarement eu l'occasion de passer par là. À notre dernier passage, on a pu faire la connaissance d'Hanna, la fondatrice de ce superbe café. Elle nous confie que de prime abord, en tant que parisienne, elle n'avait pas relevé la localisation un peu solitaire du « Phare ». Et c'est tant mieux. Avant de s'y installer, elle est allée interroger les gens du coin. La demande était bien là, et au fil des années, elle a eu le bonheur de voir le quartier se développer avec, et en partie aussi, grâce à elle. Avant qu'elle ne s'y installe, le Phare était un énième showroom des tissus du Chien Vert. Le propriétaire, fan de bateaux, y en avait fait peindre un magnifique sur la façade, et était même allé jusqu'à faire installer un plancher incliné, pour donner l'impression d'être sur un bateau qui tangue. Si, en buvant votre cappuccino, vous avez l'impression que le sol n'est pas droit, vous savez maintenant pourquoi. Rapidement après l'ouverture, Hanna s'associe à Julien, qui prend dans un premier temps les rennes de la cuisine.

Aujourd'hui, c'est Simon (ex-Contrebande), qui y prépare des petits déjeuners, un brunch et des plats du jour de saison, à base de produits ultra locaux. Sur le mur du fond, un « Wall of Farm », reprend les portraits des producteurs belges superstars qui fournissent le Phare. Au premier étage, un co-working accueille une vingtaine de free-lances, qui vont et viennent au fil de leurs besoins grâce à leur « pass piscine » (130 € pour 10 entrées). Un super projet qu'on ne peut que soutenir et encourager.

EN Le Phare du Kanaal is a charming bar and lunch spot, located "on the other side of the canal", as most people from uptown like to name the area. And we've got to admit that, though the Phare opened over four years ago, we have only been in the neighborhood so many times. Last time we came, we were lucky to meet Hanna, the founder of this beautiful spot. She told us that, as a Parisian, little did she think about how isolated she might be when she initially found the place. And we're glad she made it here. Before she set up shop here, the Phare used to be yet another Chien Vert fabric showroom. The owner, a dedicated boat fan, had the façade painted with a huge boat at sea. He even went further and made the wooden floor slightly tilted to give customers the impression of being on a boat. Next time you feel the floor isn't straight, you'll know why. Once she opened, Hanna quickly partnered with Julien, initially to help her on the food side.

Now it's Simon – ex-Contrebande – who runs the kitchen, offering only seasonal and local ingredients in his daily specials. On the wall, a "Wall of Farm" poster features all their superstar local suppliers. On the first floor, a co-working space welcomes about twenty freelancers who come and go according to their needs thanks to their "swimming pool pass" (130 € for 10 entries). A super project we fully support.

Romina Bux

Du pain et des émotions

Bread and emotions

FR Romina Bux est la fondatrice de Mama - Pain au Levain. Deux fois par semaine, elle prépare ses pains au levain dans son atelier bruxellois, et les livre ensuite dans des établissements comme Certo, Nicolas Koulépis ou encore Bouchéry. Passionnée par l'univers du pain, elle combine aujourd'hui son temps entre recherches techniques, travail manuel et études fascinantes en psycho.

EN Romina Bux is the founder of Mama – Pain au Levain. Twice a week, she makes sourdough bread in her workshop in Brussels, supplying it inter alia to Certo, Nicolas Koulépis and Bouchéry. Passionate about bread-making, she now combines her time between advanced technical research, manual work and fascinating studies in psychology.

FR Tu peux nous en dire plus?
En parallèle du pain, je suis des études en psycho. Il y a quelque chose qui me passionne, c'est de comprendre le lien qui existe entre nos émotions et nos valeurs. Déjà comprendre le lien qu'il y a chez moi, et puis après essayer de donner des outils aux enfants, aux adultes, aux ados, pour essayer de chercher, comprendre, remuer dans le soi, et se découvrir. Que ce soit via un stage de pain ou autre chose. Il faut se découvrir pour avancer dans la vie, faire les bons choix et ne pas faire de crise à soixante ans en se disant «j'ai raté ma vie» ou «j'ai raté le coche». C'est passionnant. Il faut vraiment essayer de se comprendre, et comprendre ce qui nous donne de l'émotion dans la vie. Pourquoi est-ce que tu pleures de joie, pourquoi est-ce que tu es en colère. Et ça permet vraiment de définir certaines choses qui sont importantes pour toi. Et peut-être que tu découvres que ton travail n'est pas du tout en lien avec ce qui te définit. Et c'est souvent là que ça clash. Il y a plein de gens qui n'aiment pas ce qu'ils font. Moi je dis toujours: je suis en vacances tous les jours.

Ton adresse préférée à Bruxelles?
Alors Certo, à 300%. Parce que j'ai des affinités avec la cuisine italienne, et que de nouveau, c'est une simplicité dans l'assiette, c'est très direct aussi comme cuisine, très dans le ressenti. Il y a beaucoup de feeling et ça se sent, pas vraiment de chichis. Certo pour être entre amis, ça c'est sûr. Il y a une très belle ambiance, une superbe carte des vins, et puis Federico, il est juste génial. Je l'aime beaucoup. Et c'est vraiment cette simplicité dans la carte, dans l'endroit, on va droit au but.

Ton souvenir culinaire le plus marquant?
C'était chez Nico*, son pigeon au sang. C'était terrible, il a beaucoup de talent. J'aime beaucoup ce côté très droit, très direct de ce plat. Il y avait juste le pigeon et cette sauce. C'était hyper simple, c'était super bien cuit, et c'était très pur. J'aime beaucoup quand on va comme ça droit aux choses. Et cette maîtrise de cette sauce, de la cuisson et du choix du produit. Parce qu'il était aussi très à cheval sur le choix du produit. Son talent, plus l'environnement de la soirée un peu chaude, parce que c'était en été. Puis ça fait peur aussi comme dénomination, le sang. Et en fait, c'était incroyable.

EN Can you tell us some more about yourself?
In addition to making bread, I'm currently studying psychology. Something that really fascinates me is to understand the link between our emotions and our values. First, trying to understand the link inside me, and then trying to give tools to kids, adults, teenagers, to search deep inside, to understand and find ourselves. You can do it via a bread workshop, or anything really. You need to discover yourself to get on in life, to make the right choices and not end up as a sixty-year old thinking you've missed out on life. It's fascinating. To really try to understand yourself, and understand what generates such strong emotions in our daily lives. Why do you cry tears of joy? Why do you get so angry? Understanding allows you to define what is important for you. Maybe, your job isn't at all in line with what defines you. And often that's where the problem is. Many people don't like what they do. But for me, every day is a holiday.

Your favorite place in Brussels?
Certo, 300%. Because I've got a soft spot for Italian food, and because everything is so straightforward in the recipes. It's all about emotions, and you can feel it. It's never overdone. The place to go with friends, for sure. The atmosphere is beautiful too, and they have an amazing wine list. And Federico, he's just fantastic. I love him a lot. And that simplicity, throughout the menu and the place.

Your strongest food memory?
It was at Nico's*. His *pigeon au sang* was out of this world. He's really talented. I just love this very direct way of cooking. There was just the pigeon, and that sauce. It was all really simple, really well cooked and very pure. I really like it when things are straightforward like this. And the way he makes the sauce. And his choice of products, something extremely important for him. His talent, the environment, that warm summer night ... And then the fact that the name was a bit scary, blood pigeon. But it was just incredible.

*Nicolas Darnauguilhem, restaurant Neptune.

Bodding

Romina Bux

---

150 g de levain liquide
/ 150gr liquid sourdough

3 œufs entiers / *3 whole eggs*

50 g de beurre tiède
/ 50gr melted butter

100 ml de lait entier
/ 100ml whole milk

100 g de confiture / *100gr jam*

100 g de miel bio liquide
/ 100gr liquid organic honey

2 pincées de sel / *2 pinches of salt*

300 g de reste de pain ou brioche
/ 300gr of bread or brioche leftovers

FR Alors, il faut des restes de pain – ça peut aussi être des restes de cramique, ou un morceau de croissant. Tu réduis ça en petits morceaux, et puis tu mets les œufs entiers, et tu fais tremper le tout dans du lait tiède. Moi je mets du levain. Normalement, dans la recette, il n'y en a pas, mais j'essaye toujours de trouver une solution pour récupérer mon levain, dans des gaufres ou autre chose.
La consistance doit être un peu comme une pâte à cake. Du miel aussi, parce que je n'aime pas mettre du sucre, et qu'il faut soutenir les apiculteurs. Et puis, comme j'ai beaucoup de confiture, j'en mets des restes à la place des raisins secs pour le côté fruité. Ensuite, tu mets ça dans un moule à cake, qui lui-même doit être dans un autre moule. Ça cuit au bain-marie en fait. Ça cuit très longtemps, deux heures environ, à 180 C, recouvert d'une feuille d'alu. Ça donne un cake assez dense. Moi j'aime beaucoup, et puis c'est très nourrissant.

EN You need bread leftovers – it can also be cramique, or pieces of croissant. Break them into small pieces, add the whole eggs, and then the tepid milk. I also add sourdough, though you won't normally find it in the recipe. I try to find ways to use any sourdough I have left over, making waffles or something else with it. The consistency needs to be similar to a cake dough. I prefer to use honey, because I don't like using sugar, and I think we should support beekeepers. And I also add jam – people often add raisins for the fruity side, but I've got lots of jam. You put the whole mixture into a cake mold, then put the mold into another mold. It needs to cook in a water bath. Cooking time is extremely long, about two hours at 180 degrees, covered with aluminum foil. It makes a really dense cake. I really love it, and it's also super nourishing.

Côté Jardin

Carte de saison / *Local & seasonal menu*

3 quai aux Pierres de Taille
1000 Bruxelles
+32 2 771 40 82
cotejardin.brussels

Plats / Mains : 16 € – 21 €
Bar foods : 4,50 € – 20 €

FR Le temps semble suspendu lorsque l'on pénètre chez Côté Jardin ; tout comme les murs recouverts d'épais tapis, l'ambiance est feutrée et les lumières sont douces et tamisées. Côté déco, tout est cosy et frais, des murs vert d'eau aux grands bouquets d'eucalyptus, tandis qu'à la carte, on découvre une sélection de « bar food » (petites portions à partager pour commencer, de 4,50 € à 20 €), qui nous envoie en plein cœur de la Méditerranée.

Pain libanais, Zaatar, ou mezze végétarien : la cheffe fait la part belle aux légumes sur sa carte. Formée en cuisine comme sous-chef chez Beaucoup Fish, juste en face, c'est avec la même équipe que Katrien prend cette fois-ci les rênes de la cuisine, et crée un menu qui donne envie de voyager. On goûte aux délicieux Kibbeh aux épinards accompagnés d'un dip aux poivrons rouge bien relevé (9,50 €), ainsi qu'une salade de céleri rave grillé et chèvre, twistée d'un granola à la moutarde et d'un super pesto de persil (17 €).

Même si la carte est principalement végétarienne (avec une possibilité de rendre les plats vegan), on trouve aussi toujours quelques options pour les carnivores, comme les côtes de porc basse température marinées au rhum brun (21 €), ou le curry de poisson à l'indienne (20 €).

Le plus de la cuisine : la cheffe fait absolument tout elle-même : dips, pestos, sauces et bouillons – et toujours avec des fournisseurs locaux. Le poisson vient bien sûr de chez Beaucoup Fish, le pain de chez C'est Si Bon et l'excellent café de chez Corica. Côté boissons, outre les vins natures et les bières bruxelloises, on peut aussi choisir d'accompagner son repas d'un Bloody Mary ou d'un Amaretto Sour. Plaisir ultime encore si rare dans notre capitale.

EN It felt as if time was standing still when we stepped inside Côté Jardin: the atmosphere of the restaurant is quiet and cosy, with soft lighting and heavy carpets hanging from the walls. Everything inside is of a light sea-green color, from the walls to the big eucalyptus bouquets. As for the menu, the first page is a one-way journey to the Mediterranean, with an extremely tempting list of bar foods (starting with small portions to share and with prices ranging from 4.50 € to 20 €).

Lebanese flat bread, Zaatar or vegetarian mezze: the lady-chef definitely has a crush for vegetables and vegetarian dishes. Trained as a sous-chef at Beaucoup Fish, right across the street, Katrien has now taken control of Côté Jardin's kitchen – launched by the same team. Her creative and seasonal menu takes you round the world. We tried delicious vegetarian Kibbeh with spinach and a spicy red pepper dip (9.50 €), and a roasted celeriac and goat cheese salad, twisted with mustard granola and parsley pesto (17 €).

Though the menu is mostly vegetarian (with some vegan options if you ask), the chef also offers some meat dishes, such as the slow cooked pork ribs marinated in brown rum (21 €) or the Indian fish curry (20 €).

Katrien's team prepares everything in-house – broths, dips, sauces, pestos and granolas –, always working with local suppliers. The fish for instance, comes straight from Beaucoup Fish, the bread from C'est Si Bon right across the canal, and the coffee from Corica next to Bourse. For drinks, other than craft beers from Brussels and great natural wines, you'll also find Bloody Marys and Amaretto Sours on the menu. A true Brussels highlight.

Nona

Pizza napolitaine & produits locaux / *Neapolitan pizza & local produce*

17-19 rue Sainte-Catherine
1000 Bruxelles
+32 2 324 78 79
nonalife.com

Pizza : 6,90 – 13,90 €

FR Après avoir travaillé dans la finance, Sebastian Dupont, passionné de cuisine et de bons produits, s'inspire de la célèbre pizzeria Princi (à Milan et à Londres) pour ouvrir Nona, une pizzeria napolitaine à la carte volontairement courte. L'idée : mettre en avant des petits producteurs locaux au savoir-faire artisanal en servant une pizza « moderne » à la pâte typiquement napolitaine, garnie de produits provenant majoritairement de Belgique et ayant pour seul intermédiaire leur transporteur.

Dries, Charlie, Patrick, autant de noms d'agriculteurs et de fermiers belges, chez qui Sebastian se fournit directement en légumes, viande, charcuterie... et même, en mozzarella de bufflonne. Quelques exceptions à la règle sont malgré tout importées d'Italie, comme les tomates qui ne peuvent se passer de soleil, ou encore l'huile d'olive. Mais ne vous attendez pas à trouver du basilic sur les pizzas en hiver. Ici, (presque) tout est local, de saison, et à 80 % bio. La pizza « From Dries, with love » (10,90 €), porte le nom de son agriculteur, et ses légumes varient en fonction des saisons. Si en début d'été, ce sont les légumes méditerranéens qui sont bien présents, il en sera tout autrement en hiver. La « Finocchio a la Pinocchio » (13,90 €), à base de saucisse au fenouil, riccotta di Buffala et épinards, est un régal également – quant à lui 100 % *made in Belgium*.

Et la pizza napolitaine là-dedans ? On la retrouve à travers la recette de la pâte – gonflée sur les bords et incroyablement moelleuse –, du savoir-faire de son pizzaiolo – napolitain lui aussi –, et finalement grâce à l'énorme four à bois importé directement de Naples.

EN After a career in finance, Sebastien Dupont, passionate about food and quality products, took inspiration from the famous Pizzeria Princi (in both Milan and London) to open Nona, a Neapolitan pizzeria with a very short menu. The idea: spotlight small local producers and artisanal know-how while offering a "modern pizza" made from a typical Neapolitan dough and garnished with ingredients coming mostly from Belgium.

Dries, Charlie, Patrick – just some of the Belgian farmers from whom Nona gets its supplies of vegetables, meat, cold cuts, and even mozzarella di Buffala. A few exceptions are still imported from Italy though, like the extremely juicy tomatoes which simply can't grow without proper sun, or the delicious olive oil. But don't expect to see basil leaves on your pizza in the winter. Almost everything is local and seasonal, and at least 80 % organic. The pizza "From Dries with love" (10.90 €), is a vegetable-only pizza changing with the seasons, bearing the name of the farmer supplying the vegetables. The "Finocchio a la Pinocchio" (13.90 €), made with fennel sausage, Buffala ricotta and spinach, is 100 % made in Belgium. So what's Neapolitan? Well, definitely the dough, extremely soft and fluffy around the edges, the know-how of the Neapolitan pizzaiolo, and the huge pizza wood-oven imported straight from Naples.

TOILET

Bar du Canal

Bar à vins natures / *Natural wine bar*

208 rue Antoine Dansaert
1000 Bruxelles
facebook.com / barducanal

Smørrebrød : 9 € – 10 €
Vin au verre / Wine by the glass : 4,90 € – 7,40 €

FR On ne s'attend pas à trouver des Smørrebrød (prononcez « s'marble »), ces tartines de pain noir danois, quand on entre pour un verre au bar du canal. On ne s'attend pas non plus à y trouver plus de 80 références en vins natures, soigneusement sélectionnés par Bjark et sa sommelière Léa, et fournis par Mathieu de Vins Naturels. Dans ce bar en coin baigné de lumière, plus vraiment sur Dansaert mais pas vraiment sur le canal non plus, la seule chose à laquelle on s'attendait vraiment, c'était un chouette bar de quartier où il fait bon boire un coup après une longue journée. Et on n'a pas été déçues.

Assises sous les plantes tombantes et les lampes vertes en émail, on oublie assez vite la cohue de dehors. Dehors, les phares des voitures se fondent peu à peu avec l'éclairage des rues. À l'intérieur, il baigne une douce ambiance d'entre-deux; la nuit n'est pas encore tout à fait tombée, mais l'heure de l'apéro a bel et bien sonné. C'est le moment de se pencher sur la carte. Les planches de fromages et de charcuteries sont là (15–16 €), et les huîtres Fines de Claire aussi (13 €). C'est qu'avant de reprendre le Bar du Canal, Bjark tenait le bar à Huîtres et Smørrebrød adjacent à la Mer du Nord. Cette fois, ce sont les pains noirs qui nous intéressent: tartare de bœuf, jaune d'œuf et raifort (10 €), asperges grillées, radis et feta (9 €), ou encore tartare de saumon fumé, cresson et œufs de hareng (10 €). On suit les conseils de Bjark et on commande celui aux asperges. Et puis une planche mixte aussi, avec un cheddar-bleu qui nous laissera sans voix et deux verres de 100 % Grolleau par Catherine et Pierre Breton, un joli rouge sur le fruit parfait pour l'apéro. On est bien, même très bien. Une chose est sûre en tout cas, on reviendra.

EN We weren't really expecting to find Smørrebrød (pronounce "s'marble"), the famous Danish black bread toasts when we walked into Le Bar du Canal. Neither were we expecting to find over 80 different natural wines, carefully picked by Bjark and his sommelier Léa and supplied by Mathieu from Vins Naturels. In this bar, not really on Dansaert but not quite on the canal either, all we expected was a simple local bar where we'd be warmly welcomed for a drink after a long day. And we were not disappointed.

As we sat under the hanging plants and the green enamel lamps, we couldn't help but notice the striking difference with the outside where rain was pouring down and car headlights were slowly blending in with the street lights. Inside, the atmosphere was warm and laid back. Though it wasn't dark yet, it seemed to be just the right time for a drink. Time to look at the menu too. Cheese and ham boards (15-16 €), and Fine de Claire oysters (13 €). Not so surprising when you know that, before taking over Le Bar du Canal, Bjark had run the oyster and Smørrebrød bar right next to La Mer du Nord. This time though, the black bread sandwiches really triggered our attention: beef tartar with egg yolk and horseradish (10 €), asparagus with radish and feta (9 €), smoked salmon tartar with herring roe (10 €). We followed Bjark's advice and ordered the asparagus. And a board of mixed ham and cheese too, with an unrivalled English blue cheddar washed down with two glasses of 100 % Grolleau by Catherine and Pierre Breton, a delicious fruity red, simply perfect. All in all, the place was great, and so was the food and the wine. We just can't wait to go back.

Monk

Authentique bar bruxellois / *Authentic Belgian bar*

42 rue Sainte-Catherine
1000 Bruxelles
+32 2 511 75 11
monk.be

Bières / Beers : 2,20 - 5,50 €
Planche mixte / Mixed platter : 12 €

FR Le Monk, c'est une histoire de coups de cœur. Coup de cœur pour ce monsieur qui y vient depuis 25 ans, et qui nous en explique l'histoire qu'il connaît « mieux que les serveuses ». Coup de cœur pour cet autre monsieur qui y prend la soupe tous les midis, quand il ne prend pas un sandwich en face pour le déguster sur place avec une bière. Coup de cœur aussi pour la planche een bekke van alles – un peu de tout –, son fromage à l'Orval, son pâté de campagne, et sa boulette surpiquée de cure-dents qui traversent le papier de sandwicherie. Coup de cœur pour cette clientèle complètement éclectique et cosmopolite, qui change au fur et à mesure de la journée. Il existe trois Monk, nous dit le premier monsieur. Celui du matin, celui du midi, et celui du soir. Coup de cœur pour la sélection de bières belges artisanales et locales, et pour l'énorme choix de bières au fût. Coup de cœur pour ce couple d'un certain âge, qui y vient tous les jours pour déguster un verre de blanc à 11 h précises. Coup de cœur pour les boiseries, là depuis bien avant le Monk déjà, et l'inscription « à la couronne » qui nous fait deviner le nom de son prédécesseur. Et puis coup de cœur pour ces longues soirées à boire et à danser, où l'on engloutit son bolo juste avant que la cuisine ne ferme, après avoir déjà bu quelques bières de trop.

On aime ce bar pour la vie qu'il véhicule, pour les histoires qu'il raconte, pour la culture belge qui se transmet à travers chacun de ses clients, chacune de ses bières, et chaque bouchée de ballekes. On aime se l'approprier comme ces messieurs l'ont fait avant nous, et le faire découvrir aux prochains. C'est plus qu'une bière qu'on trouve quand on passe la porte du Monk ; c'est un morceau de l'âme de Bruxelles.

EN We immediately fell in love at Monk. We fell in love with this man who's been coming here for over 25 years and who knows the story of the place "better than the waitresses". We fell in love with this other man who comes here for a soup every day – when he's not picking up a sandwich across the street, to eat it here along with a beer. We fell for the een bekke vanalles platter – a little bit of everything –, with its Orval cheese, its *pâté de campagne*, and its huge meatball pierced with a bunch of toothpicks through the sandwich paper. We fell for the eclectic and cosmopolitan clientele, changing as the day passes. There are three Monks, said the first man. The morning Monk, the afternoon Monk and the evening Monk.
We also fell in love with its selection of Belgian beers and its huge tap beer offer. We fell for that not-so-young-anymore couple, dropping by every day at 11am sharp to enjoy a glass of white. We fell in love with the ancient woodwork, built long before Monk even existed, with the words "à la couronne" carved onto it, hinting at the previous owner. And then we also fell in love with those long evenings drinking and dancing, where we gulp down our spaghetti Bolognese just before the kitchen closes, after having had one too many beers.

We fell for this bar and the life it conveys, the stories it tells, the culture it passes on through each of its customers, each of its Belgian beers, and every mouthful of ballekes. We love the feeling of slowly making this place our own, like these men have done before us. Its more than a beer that we come to find when we walk into Monk, it's a piece of the soul of Brussels.

HOMEMADE LEMONADE
SYRUPS
SPECIAL BEERS

FROMAGERIE
CHARCUTERIE
CHIMAY

MONK

Madou, Chasseurs Ardennais, Dailly

Néocantines

Restos

Bars

Boentje Café

Café zéro déchet / *Zero waste café*

18 place Colignon
1030 Schaerbeek
+32 2 672 08 37
boentjecafe.com

Lunch : 4 € – 12 €
Brunch : 7 € – 25 €

FR Le côté récup' saute aux yeux directement dès qu'on entre au Boentje café. Sur le comptoir comme dans le frigo, les prix sont indiqués sur des petits morceaux de cartons, qui semblent avoir été découpés dans de grandes caisses. Derrière le bar, le menu du jour est inscrit au marqueur blanc sur les vitres d'anciennes fenêtres à carreaux, suspendues au mur. Au fond, une jolie cour, où l'on verra à plusieurs reprises la cuisinière venir chercher ses herbes fraîches. Ce petit café-cantine sans prétention a été ouvert il y a deux ans, par Victoria et Sandrine, sur la Place Colignon de Schaerbeek. L'envie : ouvrir un chouette café où venir petit-déjeuner, luncher et bruncher, tout en adoptant un maximum le mode de vie zéro déchet.

Pourquoi Schaerbeek ? Les enjeux de leur projet leur semblaient d'autant plus intéressants. Mais le plus important pour elles est de rester accessible aux gens du quartier. On n'y vient pas forcément parce que c'est zéro déchet, nous explique Victoria, mais c'est quelque chose qui marque et interpelle. En prenant un café à emporter, nombreux sont les clients étonnés de repartir avec un pot en verre, consigné. Mais ils reviennent, et avec leur pot en plus. Côté carte, on teste le granola et les œufs pochés accompagnés de – chose rare – super bon pain sans gluten en petit déj'. Le midi, les filles proposent toujours une option végé et une option « omnivore », pour les sandwiches, salades, et gaufres salées. On est vachement tentées par la gaufre du jour au pesto de fanes de radis, fromage de chèvres et tomates cerises (8 €), une bonne raison de revenir. Avant de partir, on emportera précieusement une de leurs cartes de visite parsemées de semences de coquelicot, à replanter chez nous.

EN It's hard to miss the recycling spirit when stepping into Boentje Café for the first time. On both the counter and in the fridges, prices are written on little pieces of cardboard, looking as though they had been torn from big moving boxes. Behind the bar, old windows hang against the wall, displaying the daily menu written in white marker. At the back, there is a cute little courtyard where we often saw the cook sneaking out to pick fresh herbs in the little garden. Looking out onto the Place Colignon in Schaerbeek, this little café was opened two years ago by Victoria and Sandrine. Their idea was to open a cool and laid-back eatery where customers could enjoy breakfast, lunch and brunch, while being inspired to adopt a zero waste and sustainable lifestyle.

Why Schaerbeek? Because the scale of the mission made it seem all the more interesting. The most important part of their vision was to remain affordable to people from the neighborhood. Customers don't come here because it is a zero-waste café, but it is something they remember and react to. Grabbing a coffee-to-go, many are surprised to walk away with a glass jar instead of a paper cup. And many do actually bring it back. We tried the granola and the poached eggs served with delicious gluten-free bread – rare enough to mention it – for breakfast. For lunch, the girls always have a vegetarian and an "omnivore" option available, in the form of sandwiches, salads or savory waffles. The waffle of the day with radish leaf pesto, goat cheese and cherry tomatoes (8 €) sounded delicious, a good reason to come back again. Before leaving, we carefully picked up one of their business cards carrying poppy seeds, to plant as soon as we get home.

BOENTJE WAFELS
Gaufre salée : 8€
Pesto de fanes de radis, fromage de chèvre & tomates cerises
JUS DU JOUR 4€
FENOUIL POMME
CAROTTE CITRON

Anaïs Verrijdt & Arth Alvarez

Tout se passe autour de la table

Everything happens around the dinner table

FR En plein cœur de Saint-Gilles, on découvre Smala Cooking, un traiteur sympa et gourmand lancé par Anaïs et Arth. On y retrouve les deux filles pour les apéros Smala les mercredis soirs, mais aussi pour des cours de cuisine, ou lors des Restos Nomades qu'elles organisent régulièrement. En 2019, Smala Farming voit le jour et devient le premier fournisseur 100% bio de Smala Cooking. La boucle est bouclée.

EN We came across Smala Cooking, a delicious gourmet catering service launched by Anaïs and Arth, two super dynamic girl-entrepreneurs, in the heart of Saint-Gilles. You can go to their atelier for drinks on Wednesday nights, attend their cooking classes or join one of their Resto Nomades which they organize regularly in Brussels. Smala Farming was set up in 2019, becoming the first 100% organic supplier of Smala Cooking. The perfect loop.

FR Tu peux nous en dire plus?

Anaïs: Il y a toujours un côté familial à la cuisine, et c'est pour ça que Smala s'appelle Smala. Quand on était petits, ma mère disait « Allez la smala, à table ! » Je pense que ça représentait bien ce côté de convivialité autour de la bouffe. En famille tout se passe toujours à table. Enfin, les meilleurs moments de famille se passent d'abord dans la cuisine et ensuite à table. Se retrouver pour causer, ou même pour s'engueuler. Je trouve que l'on a vraiment ce lien entre la bouffe et l'humain. Notre plus grand kiff, c'est quand les gens sortent des dîners Smala et qu'on voit qu'ils sont heureux, avec un grand sourire. Et là, on sait pourquoi on se lève le matin. C'est ce qui me motive.

Arth: Mon plus beau cadeau, c'est que les gens commencent à nous connaître et qu'ils nous appellent parce qu'ils ont goûté notre cuisine ailleurs.

Ton adresse préférée à Bruxelles?

On va souvent au 203, on se retrouve bien dans leur cuisine, petite carte, conviviale et ils sont vraiment adorables. Et on adore les cuisines ouvertes. On va hyper souvent au resto, c'est un peu scandaleux. Sinon c'est Racines. On sent que le produit dans l'assiette est vraiment de qualité. On ne cherche pas en particulier une grande table, mais plus une identité dans une cuisine.

Ton souvenir culinaire le plus marquant?

Arth: Ma grand-mère cuisinait espagnol asturien, des goûts et des traceurs de goût complètement différents. C'est marrant, avant-hier, on a fait une rouelle de porc que j'ai cuite au paprika avec des courgettes, et en mangeant, j'ai vraiment retrouvé ce goût de ma grand-mère et des légumes mijotés dans de la viande.

Anaïs: Je me suis rendue compte que j'avais envie de faire à manger aux gens quand je faisais la « bouffe » chez les scouts. En fait, ils étaient toujours hyper contents parce qu'ils allaient manger des trucs bons. On faisait par exemple des légumes et je leur faisais des trucs hyper chouettes. C'est cool parce qu'il y a des moments où on pense que d'office on va mal manger. Mais s'il y a des gens qui le veulent, on peut toujours manger quelque chose de sympa. C'était un peu le début de tout ça. Et puis, ce côté convivialité, nourrir les gens et rendre les gens heureux par la bouffe.

EN Could you tell us more?

Anaïs: There's always a family side to cooking and that's why Smala is called Smala. When we were young, my mother would say *"Allez la smala"*, à table! There was just something about that, synonymous with the conviviality around food. The table is the center of family life, for better or worse. It's the place you meet, talk and sometimes even yell at each other. There is this very strong link, I find, between food and humans. Our biggest wow moment is when guests leave after dining at Smala with a big smile on their faces. This is why we do what we do, why we get up each morning.

Arth: My biggest gift is that people are starting to know us and they call us because they've tasted our food somewhere else, and they want more.

Your favorite place in Brussels?

We often go to Le 203, we just love what they do: the small menu, the friendly atmosphere, plus they're really adorable. And we love open kitchen concepts. We go a bit too often to restaurants, it's a bit outrageous. Otherwise it's Racines. We really notice the extremely high quality of their products. We don't particularly look for a fancy place, just a place with a strong identity in their cooking.

Your strongest food memory?

Arth: I have several, but my most memorable goes back to my childhood. There are smells and tastes you never forget. My grandmother used to cook Spanish Asturian food and there are specific taste tracers that are just completely different. And I always notice them immediately. Just a couple of days ago I made a pork roast with paprika and zucchini and I immediately found this taste that I associate with my grandmother's cooking.

Anaïs: I realized that I wanted to cook food for people when I was cooking for the Scouts. I remember that they were always super happy because they would eat good stuff. I would make vegetables and cool things. It's cool because, sometimes you think you'll just have no choice but eat bad food, but if there are people who love to cook, you can always eat well anywhere. This was the beginning of it all, I think. Feeding people and making them happy makes me happy.

Poulet fumé et chimichurri
Smoked chicken and chimichurri

Anaïs Verrijdt & Arth Alvarez

Pour 2 personnes / For 2 people:

Poulet:

Un fumoir / A smoker

Huile d'olive / Olive oil

Sel / Salt

Poivre / Pepper

Paprika

Deux blancs de poulet / Two chicken breasts

Chimichurri:

1 courgette verte / 1 green zucchini

2 courgettes jaunes / 1 yellow zucchini

½ carotte / ½ carrot

Jeunes oignons / Spring onions

Persil frais / Fresh parsley

Coriandre fraîche / Fresh coriander

Huile d'olive / Olive oil

Ail / Garlic

Citron / Lemon

Piment frais / Fresh chilli

FR À la base, le Chimichurri est une sauce d'Amérique latine. La base de la base, c'est de l'ail, du piment, des oignons, des herbes, de l'huile d'olive. Je garde toujours la base, plus n'importe quel légume de saison, que je coupe tout petit en brunoise. Là, pour le Chimichurri d'aujourd'hui, j'ai mis une courgette verte, une jaune, une carotte et des oignons jeunes. Et tout ça, ce sont des légumes de notre champ. Pour les blancs de poulet, je les fais mariner avec de l'huile d'olive, sel, poivre et paprika, le temps de préparer le reste. D'abord, je les marque à la poêle avant de les mettre au fumoir. Je mets les bouts de bois en dessous de la grille, pas besoin de les allumer. Je mets la grille, la plaque et par-dessus, le poulet. Et le tout sur le feu. Pour la cuisson, je mets le feu très haut et après 2 minutes je passe à feu bas. Une fois que je vois de la fumée sortir, je peux attendre 5 minutes, puis le sortir pour voir si c'est cuit ou pas.

EN Chimichurri is a type of Latin American salsa. The basic ingredients are garlic, chilli, onions, herbs and olive oil. I add finely chopped vegetables, according to the season. For today's chimichurri, I used green and yellow zucchinis, a carrot and spring onions. And all these vegetables come from our field. I marinate the chicken breasts with olive oil, salt, pepper and paprika. You have to fry them a bit in the pan before putting them in the smoker, basically to give them color. You can smoke them with different types of wood or even thyme. Put the small pieces of wood under the grill in the smoker, no need to light them – the heat of the fire will do that. Then comes the metal plate and finally the chicken on top. Close everything and put it on the stove. First cook it for 2 minutes at full heat and then lower for 5 minutes until you see smoke come out. Wait another 5 minutes and take it out to see if it is done.

Basils

Pizza & pâtes fraîches / *Pizza & fresh pasta*

6 rue des Cultes
1000 Bruxelles
+32 2 705 69 90
basils.org

Pizzas : 8 € – 18 €
Pâtes fraîches / Fresh pasta : 13 € – 18 €

FR C'est Sabrina, la Mama de l'équipe, qui nous accueille ce jour-là chez Basils. En Belgique pour seulement quelques semaines, elle s'est fixé pour objectif de former son équipe jusque dans les moindres gestes, avant de repartir à Rocamontepiano, son village dans les Abruzzes.

Basils, c'est le troisième restaurant de cette famille originaire de l'est de l'Italie, mais c'est le premier en Belgique, et le premier à préparer la pizza – comme à Naples. Le pizzaïolo et gérant, c'est son beau-fils Ivan, pour qui l'interprétation napolitaine de la pizza ne faisait aucun doute. La pâte ultra-moelleuse, bien gonflée et légèrement brûlée sur les bords nous appelle. Tout comme le tableau noir où l'on se perd dans les suggestions, parmi les produits importés directement des Abruzzes, comme les charcuteries, les fromages, – et même les bières – qu'on a tous envie de goûter. La serveuse vient à notre secours ; ce sera pizza bresaola, buffala et pistaches (18 €), et gnocchi aux brocolis, amandes et crème de pecorino (16 €). Les gnocchis sont faits maison, comme toutes les autres pâtes à la carte, et sont de la bombe à eux tout seuls – du plaisir de la première à la dernière bouchée. Accompagnés d'un verre de blanc maison (4 €), et précédés par une petite planche d'antipasti en guise d'accueil ; un pur moment de Dolce Vita à l'italienne. Côté déco, c'est un joyeux bric à broc, ponctué çà et là de couleurs chaudes, de meubles en bois et d'un énorme four à pizza recouvert de céramique blanche qui trône en son centre. Un véritable sentiment d'être à la maison dans ce « piccolo ristorante ».

EN The first time we ate at Basils, we were warmly welcomed by Sabrina, the Mama of the team. In Belgium for just a few weeks, she was set on training her team down to every last detail before heading back to Rocemontepiano, her home village in Abruzzo.

Basils is the family's third restaurant, the first in Belgium and the first making pizza – the Neapolitan way. Choosing to make pizza a la Napolitana seemed pretty obvious to Ivan, the pizzaiolo, restaurant manager and Sabrina's son-in-law. The pizzas, with their puffy crust slightly burnt around the edges, were very tempting, as were all the suggestions chalked up on the blackboard: cheeses, cold cuts and even beers, all imported from Abruzzo. Thankfully the waitress came to our rescue, and we ended up ordering pizza with bresaola, buffala and pistachios (18 €), and gnocchi with broccoli and pecorino cream (16 €). Freshly made, like all the pastas on the menu, the gnocchi were simply delicious – pure delight from first to the last bite, as was the mini plate of antipasti offered as a welcome. Washing all this down with a glass of house white (4 €), we knew we were as close as we could get to the real Dolce Vita. The colorful bric-a-brac decor, the closely-packed wooden tables and chairs and the huge pizza oven covered in white tiles in the center made us feel right at home in this "piccolo ristorante".

La Piola Pizza

Pizzeria napolitaine / *Neapolitan Pizzeria*

8 place Saint-Josse
1210 Saint-Josse-Ten-Noode
+32 2 465 02 15
lapiolapizza.com

Pizza : 8,90 € – 17,90 €

FR On connaissait déjà bien la Piola Pesce au Châtelain, devenue notre cher Ricciocapriccio. C'est désormais La Piola Pizza qui ouvre, à Saint-Josse cette fois. Et dans la famille Leone, c'est le frère Carmine qui se met aux fourneaux – ou plutôt au four à pizza.

Bien que la famille soit d'origine de Calabre, ce sont bien des pizzas napolitaines qu'on trouve à La Piola Pizza. Et pour ça, le premier secret c'est le four, explique Carmine. Bien sûr, la farine est bio, la levure est d'origine naturelle, et la pâte a monté pendant 48 h. Mais pour obtenir ce moelleux et cette croûte gonflée et légèrement brûlée, il faut avant tout un four avec une chaleur constante de 450 °C. Une minute de cuisson – et maximum 10 secondes de marge – et la pizza est prête. S'enchaînent alors les ingrédients importés directement d'Italie, en commençant par l'huile piquante réalisée à base des piments du jardin de sa maman, en Calabre. La sauce tomate vient quant à elle de Naples, les tomates cerises du Vésuve, les pistaches de Sicile, et la plupart des produits à la carte portent la mention DOP – Denominazione di Origine Protetta. Coup de cœur pour la pizza Calabra (12,50 €), avec de la N'Duja véritablement piquante qui fond littéralement en bouche, de la scamorza et des tomates San Marzano. On se régale également de la Salsiccia e Friarelli (13,90 €), une pizza blanche à base de brocolis sauvages importés de Naples, de saucisse, de parmesan et de provola. En plus d'une quinzaine de pizzas à la carte, on trouve aussi quelques pâtes et plats dans les suggestions du midi (et du midi uniquement). Notre seul regret – d'être passées à côté de leur légendaire pizza Siciliana o' Cornicione, dont la croûte est farcie de ricotta salée.

EN Following La Piole Pesce – our now beloved Ricciocapriccio in Châtelain –, it was La Piola Pizza's turn to open, in Saint-Josse. And it's Carmine, one of the brothers from the Leone family, who's running the restaurant this time.

Though the family is originally from Calabria, the pizzas are 100 % Neapolitan. There is only one secret, says Carmine: the oven. Of course, the flour they use is organic, the yeast is natural and the dough is rested for 48 hours. But the real trick for the perfect pizza is the oven, kept at a constant heat of 450 °C. The pizzas go in for just one minute - give or take 10 seconds – and come out soft in the center and puffy and slightly burnt around the edges. Then comes the feast of the best ingredients, all imported straight from Italy – starting with the spicy oil made with chilies from Carmine's mom's garden in Calabria. The tomato sauce comes from Naples, the cherry tomatoes from Vesuvio, the pistachios from Sicily. And most of the ingredients on the menu are followed by the letters D.O.P. – Denominazione di Origine Protetta. Our hearts melted for the Calabra pizza (12,50 €), with its spicy and extremely soft N'Duja, scamorza and San Marzano tomatoes. We also loved the Friarielli and Salsiccia pizza (13.90 €), a white pizza with wild broccoli imported from Naples, sausage, parmesan and provola. Besides the 15 pizzas always on the menu, they also offer daily specials, including pasta and a couple of mains, for lunch only. Our only regret: missing out on their legendary Siciliana o' Cornicione pizza, with a crust filled with salted ricotta cheese.

VINI AL BICCHIERE
ROSSI
TEROLDEGO 5.00€
PROSECCO 5.50€
Spigadoro

Caberdouche

Bar et cantine de quartier / *Bar, coffee & brunch*

8 place de la Liberté
1000 Bruxelles
+32 2 356 14 05
caberdouche.com

Plat du jour / Daily special: 13 – 15€

FR Notre salade au poulet pané est à peine posée devant nous qu'on se remémore avec nostalgie ce que ce plat nous évoquait à peine quelques années plus tôt. Avec ses tomates coupées en quartiers et ses rondelles de concombre, les salades du Caberdouche ont ce je ne sais quoi qui nous ramène en enfance, et certainement au plus proche de nos racines belges.

On ne se trouve pas dans le centre, ni même en plein cœur des Marolles, mais dans le quartier au nom enchanteur – et un peu moins connu – de Notre-Dame-aux-Neiges. Le Caberdouche, avec sa terrasse qui ferait presque rougir le Belga, a tout pour nous plaire. Grands espaces lumineux, jolies banquettes émeraude en velours, équipe sympa et une carte où trouver son bonheur du matin jusqu'au petit matin, en faisant un détour par le brunch (17,50€) le dimanche.

Pour le lunch, en plus de ses salades, croques, lasagnes et assiettes de légumes, le Caberdouche propose également deux plats du jour inspirés – dorade au citron vert, poulet sauce chasseur ou encore buddha bowl aux patates douces – avec toujours une option végétarienne (13 – 15€). Et pour l'apéro, vous ne serez pas perdus, tout y est: du Spritz au Cosmo, sans oublier le vin nature ou la liste interminable de bières belges. C'est qu'on se trouve ici dans un ancien café bruxellois – n'ayant plus gardé que le nom de Caberdouche – appellation autrefois attribuée affectueusement aux troquets plutôt mal famés qui emplissaient la place.

EN Hardly had our breaded chicken salad been served that we were thrown back years. With its tomatoes cut into wedges and its perfectly diagonal cucumber slices, the Caberdouche salads have that little something that sends us straight back to our childhood, and more specifically, to growing up in Belgium.

It is not located in the city center, nor even in the Marolles neighborhood, but in a lesser-known area, though one with a no less enchanting name: Notre Dame aux Neiges (which translates into Our Snow Lady or something like that). Café Caberdouche, with its sunny terrace rivalling the Belga's, has got everything we're looking for. A large, bright room, benches upholstered in emerald green velvet , friendly staff and a menu that's got everything you could possibly be looking for – from morning till after midnight –, including a brunch buffet every Sunday (17.50€).

For lunch, apart from the salads, the ham and cheese toasties, the lasagnas and the vegetable dishes available every day, Caberdouche also offers two inspired specials, for example sea bass with lime sauce, chicken "à la chasseur" or Buddha bowls with sweet potatoes, to name just a few – with a vegetarian option always available (from 13€ to 15€). As for drinks, you're sure to find what you want: from Spritz to Cosmo, without forgetting their natural wines and, of course, their impressive list of Belgian beers. Don't forget, you're sitting in one of Brussels' old cafés, with the name Caberdouche referring back to the days when somewhat questionable cafés lined the little square.

Chez Félix

Bar à vin / *Wine bar*

142 avenue Félix Marchal
1030 Schaerbeek
+32 2 736 82 04

Vin au verre / Wine by the glass : 4 € – 8 €
À manger / To eat : 4 € – 17 €

FR Du bout de la rue, on repère facilement la terrasse de Chez Félix, déjà bondée à l'heure de l'apéro dès les premiers rayons de soleil. Depuis 5 ans, ce bar est devenu un point de rendez-vous schaerbeekois pour l'apéro, mais pas seulement. On y vient pour profiter d'une ambiance super relax et conviviale, pour un début de soirée ou un dîner entier autour de petites assiettes à partager ou de véritables plats.

On le constate vite en parcourant le menu : la philosophie de l'endroit est de pouvoir offrir des produits de qualité à des prix tout à fait raisonnables. Et c'est le cas pour les vins – avec une préférence de Pierre, le patron, pour les vins du Portugal ou d'Espagne – , comme pour la cuisine. En cuisine justement, c'est David, ex-cuisinier de chez Alexandre aux origines péruviennes, qui prépare une courte carte de saison, avec toujours çà et là quelques influences asiatiques ou sud-américaines. On goûte par exemple aux *Maatjes*, pile dans la saison justement, accompagnés d'une gelée de vin doux Javier Sanz, d'une brunoise de pamplemousse et d'une sauce aji. On goûte aussi à un délicieux vitello tonnato (15 €), joliment twisté par le chef. Côté vins, leur sélection compte parmi plus de 150 références, avec une belle gamme de vins bio, biodynamiques et natures, sans pour autant être exclusive. On travaille au coup de cœur en privilégiant l'histoire du vigneron, me dit Pierre. Ce directeur financier passionné par les vins et la cuisine a trouvé son équilibre dans cette double casquette professionnelle, qu'il gère parfaitement.

Si Schaerbeek vous est encore méconnu, l'adresse à elle seule vaut le déplacement.

EN From the end of the street, it's easy to spot Chez Félix's terrace, super crowded as soon as the sun is out. For five years now, this bar has been a meet-up spot in Schaerbeek for drinks, but not only. Customers come here to enjoy a super relaxed and laid-back atmosphere, for either just a drink or a whole dinner.

Browsing through the menu, we quickly figured out that this bar is all about offering quality products at reasonable prices, as is the case with the wines – with a clear preference of Pierre, the owner, for Portuguese and Spanish wines –, as with the food. The food side is run by David, ex-cook at Alexandre with Peruvian origins. He offers a short seasonal menu, always with a South American or Asian twist to his recipes. We tried the Maatjes, for example, super seasonal, paired with Javier Sanz sweet wine jelly, grapefruit and aji sauce. We also tried a delicious vitello tonnato (15 €), nicely upgraded by the chef. As for the wines, there are over 150 on offer, with a nice selection of organic, natural and biodynamic wines, while remaining open to other things. We wanted to put the winegrower in the spotlight, said Pierre. This financial director, passionate about wine and food, has found his life balance in this twin professional life.

If Schaerbeek is still not on your beaten track, this place alone is definitely worth the journey.

ESPACE
CAVISTE

Ethylo

Bar à cocktails / *Cocktail bar*

2 rue Josse Impens
1030 Schaerbeek
+32 2 307 37 31

Cocktails : 8 – 13,50 €

FR À l'intérieur, on se croirait dans un speakeasy des années 20, à l'époque de la prohibition aux États-Unis. Le papier peint, les bretelles du barman, le gramophone qui trône sur l'appui de fenêtre et l'énorme télé vintage qui fait office de table y sont pour beaucoup. On a directement envie de prendre place autour d'une des tables en marbre dans cet établissement à la fois chaleureux et super intimiste. Sur la carte, la liste des cocktails est plutôt courte, ce qui nous facilite la tâche. Sept cocktails signatures, sept classiques (de 8 à 13,50€), deux mocktails (6€), et deux suggestions du moment. On se laisse guider par la serveuse avec un cocktail umami à base de Tequila, de *shrub* de mangue, et de sauce soja. Romain nous explique qu'il aime aller chercher les arômes de ses cocktails dans les plats qu'il découvre. Ici, il s'est inspiré d'un plat asiatique et a fait revenir la mangue avec des échalotes qu'il a ensuite fait macérer avec du sucre avant de l'allonger avec du vinaigre de cidre. C'est tout simplement de la bombe. Sa spécialité : les préparations maison, qu'il confectionne dans son atelier juste en dessous. *Shrub*, sirops, jus de fruits, liqueurs et alcools infusés ; tout y passe, même l'aquafaba qu'il récupère en préparant le houmous. Mais ce qu'il aime vraiment, c'est la possibilité d'offrir des spiritueux de qualité, qu'il prend plaisir à sélectionner. Avant d'ouvrir Ethylo avec ses deux associés, Romain a appris une bonne partie du métier derrière le bar du Green Lab. Ensuite Chez Copain, où il se rend compte qu'il y a une véritable demande de bars à cocktails dans le quartier.

Ça tombe bien, ça faisait bien 5-6 ans qu'il rêvait d'ouvrir son propre bar, petit et plus posé. C'est la naissance d'Ethylo.

EN Inside, it feels as though we're in a speakeasy dating back to the prohibition era in the U.S. in the late 20's. The wallpaper, the barman's suspenders, the gramophone by the window and the huge vintage TV transformed into a high table all contribute to the feeling. We immediately feel like sitting down at one of those low marble table, in this cozy and intimate place. The list of cocktails is short: 7 signature cocktails, 7 classics (from 8 to 13€), and two mocktails (6€), making it easier to decide. We let the waitress guide us and ordered the weekly special, a Umami cocktail made from Tequila, mango shrub and soy sauce. Romain tells us how he loves picking flavors for his cocktails in the food he discovers. For this one, he was inspired by an Asian dish. He cooked mango with shallots then let the mixture macerate in sugar before adding wine vinegar to it. The result is just delicious. His specialty: anything that can be homemade in his workshop below. Shrubs, syrups, fruit juices, liquors and infused alcohol – they're all homemade, even the aquafaba saved from the hummus. But what he wanted most when opening Ethylo was the ability to offer quality spirits, which he loves selecting, at affordable prices. Before opening the bar with his two partners, Romain learned the ropes at Green Lab. Then, at Copain, close by, where he quickly realized that demand for cocktails in the area was really high.

A good thing, and perfect timing too, as he had been dreaming of opening his own cozy cocktail place for 5 to 6 years already. And this is how Ethylo was born.

Uccle, Luxembourg, Boitsfort, La Hulpe, Woluwe-Saint-Pierre

Néocantines

Restos

Bars

Cân Tho

Cantine vietnamienne / *Vietnamese lunch & takeout*

38 rue de Trèves
1050 Ixelles
facebook.com/canthorestaurant
Pho, Congee & Bobun : 9,20 € – 12,40 €

FR Cân Tho, on n'en a fait qu'une bouchée. Pas tout à fait, mais presque. Des entrées aux desserts, en passant par les bubble tea au lait de soja, on a tout englouti avec ferveur, et ça faisait longtemps qu'on n'avait pas mangé vietnamien avec autant d'enthousiasme. L'adresse a ouvert en janvier, et a été pensée dans les moindres détails par Damien – propriétaire de chez Dam Sum à qui on doit l'ouverture du premier établissement de dim sum dans notre capitale.

Revenons à Cân Tho. Ici, tout est vietnamien, des plats aux boissons, jusqu'aux herbes fraîches importées directement du Vietnam. Une cuisine authentique, reposant sur trois plats phares : pho, bobun et congee. Pas de glutamate ni d'additifs ici, tout est fait maison selon les recettes traditionnelles – le bouillon du pho frémit d'ailleurs pendant 16 h avant d'être servi. La particularité de l'endroit : on commande soi-même ses plats sur des écrans, et on les twiste comme on veut, ou presque. Afin de ne pas trop s'éloigner de l'authenticité des recettes, on vous propose des bases où les ingrédients clés sont toujours présents. Ensuite, à vous de voir si vous souhaitez agrémenter votre bouillon au bœuf de bœuf, ou de boulettes de poulet, et pourquoi pas, des deux. Pas trop de risque à prendre car tout est délicieux, frais, et plein de saveurs – l'essence même de la cuisine vietnamienne. Coup de cœur pour les entrées, des « pâtés » vietnamiens, qui sont en vérité des petits feuilletés fourrés de *char siu pork* (la même farce de porc caramélisé cuit au barbecue que l'on retrouve chez Dam Sum), ou de légumes (2 € pièce). Coup de cœur également pour les desserts, un lait de coco au tapioca et bananes (5,20 €) et un bao vapeur au coco servi chaud (3,80 €).

EN It feels like we literally devoured Cân Tho's whole menu in a single bite. Well not quite, but almost. From the drinks – bubble tea with soy milk –, to starters – char siu pork patés –, to desserts – coconut steamed buns, it had been a long time since we had eaten Vietnamese food with such enthusiasm. This one-way trip to Vietnam is the brainchild of Damien, to whom we already owe Dam Sum, the first dim sum restaurant to open in Brussels.

Back to Cân Tho. Everything here is Vietnamese, from the dishes to the drinks, and even including *Rarum* and *Perilin*, two fresh herbs imported directly from Vietnam. The menu, authentic and strictly based on original recipes, is centered around three main dishes : pho, bobun and congee. No preservatives or glutamate here; everything is homemade on the premises – like the pho broth, cooked for over 16 hours before being served. What stands out is the ordering process : customers place their orders through screens – not unlike some fast-food chains we know –, with dishes tweaked to your liking. Well not entirely, as the base ingredients remain the same. But if you prefer to eat your pho broth with chicken meatballs - homemade of course – instead of beef, it's possible. Actually, it's even possible with both. Our favorite starter was the "Vietnamese paté", stuffed puff pastry with char siu pork (the same barbecued pork as in Dam Sum's barbecue pork buns), or vegetables (2 € each). The desserts were also delicious, as Vietnamese as it gets : tapioca pearls with bananas in coconut milk (5.20 €) and coconut steamed buns served hot (3.80 €).

Le Refuge

Néocantine, café & bar / *New-age canteen, café & bar*

668 chaussée de Saint-Job
1180 Uccle
+32 2 850 36 17
cafelerefuge.be

Plat du jour / Dish of the day: 12 €

FR Ouvert tous les jours du matin au soir, Le Refuge nous inspire un de ces nombreux bars de la capitale où il est possible de venir petit-déjeuner, comme de venir danser. Oui sauf qu'ici, on mange bien, on boit du très bon café, et du très bon vin. Rien à voir donc avec un simple bar; on trouve au Refuge tout ce qu'on attend de meilleur pour chaque moment de la journée. Le matin d'abord, on y vient pour un petit-dèj' à base de viennoiseries, d'œufs, ou encore de chia seed pudding au lait de coco et fruits de saison (formules de 7,50 à 12 €), accompagné de très bon café de chez OR, et de sa panoplie de laits alternatifs. Le midi, on fait place au plat du jour (12 €), toujours accompagné d'une version végétarienne, d'une soupe, d'une tartine et d'une salade. On s'est régalées d'un risotto au potimarron et taleggio, et d'un pain de viande aux herbes et aux raisins secs, accompagné de betterave, d'aneth et de pommes de terre rôties. Et le soir, on est ravies de retrouver sur la carte la formule « petits plats », qu'on partagera avec joie avec son voisin, à coup de croquettes de crevettes de chez Noordzee (16 € les 2), de burrata et de son huile infusée aux herbes ou de tartare de bœuf au couteau (de 6 à 16 € les petits plats).

Et avec ça, qu'est-ce qu'on boit? Du vin nature de chez Titulus, *what else*? Avec de jolies bouteilles à partir de 26 €, et des vins au verre qui commencent à 4,25 €, on est comblées. Derrière les manettes, on reconnaît notamment la cofondatrice de Lilicup, Leila Strebelle, dont les cupcakes signatures trônent fièrement sur le comptoir pour assouvir nos envies de sucré. À ça s'ajoutent les deux terrasses, à l'avant et à l'arrière, pour ne perdre aucune chance de voir surgir le soleil.

EN On hearing about Le Refuge, we first thought of the many bars open all day long in Brussels. But it was nothing like that. At Le Refuge, the food is good, even really good, the coffee excellent, and the wine everything we love. You'll find here the best you'd expect, whatever the category. Let's start with breakfast. Choose between pastries, different sorts of eggs or even chia seed puddings with coconut milk and fresh fruits (combos ranging from 7.50 to 12 €), washing it down with an excellent cup of OR coffee or possibly your favorite plant-based milk. For lunch, they offer two specials daily (12 €), with a vegetarian option always available, along with a soup, a sandwich and a salad. We had a great butternut squash and Talegio risotto and a plate of meatloaf with herbs and raisins, served with beetroot and dill salad, and roasted potatoes. We were also thrilled to discover their evening menu section, offering "small dishes to share", a growing trend that we fell in love with right from the very beginning. Pick a few from among their shrimp croquettes from Noordzee (16 € for 2 pieces), their burrata with herb-infused olive oil, their hand-cut beef tartar and many more options (ranging from 6 € to 16 €).

And to drink? Natural wines from Titulus of course. With a beautiful selection of bottles starting from 26 € and glasses from 4.25 €, they've really ticked all the boxes. Among the founders, we recognize Leila Strebelle from Lilicup, whose signature cupcakes proudly await hungry customers on the counter. Throw in two sun-drenched terraces – one at the front, one at the back – into the mix and you've got the perfect place to hang out this summer, whatever the time of the day.

Les Terres d'Ici

Néocantine & éco-farm / *Organic eatery and farm*

117 chaussée de Bruxelles
1310 La Hulpe
+32 2 653 80 15
lesterresdici.farm

Plats / Mains : 10 € – 21 €

FR Depuis janvier 2019, Saskia et Marine ont troqué Ici, leur petite néocantine bio du quartier Brugmann, pour un site de 6 hectares, à deux pas de Bruxelles. Les Terres d'Ici, ce nouveau projet sur lesquelles elles ont travaillé pendant plus de deux ans, vient de voir le jour et est déjà porteur de beaucoup de belles promesses. Associées à la coopérative qui s'occupe de la gestion du terrain, de la pépinière et du champs, les filles s'inscrivent, avec cette ouverture, dans une démarche encore plus durable, encore plus complète. L'idée : se fournir à 80 % de la production 100 % bio des serres et potagers du même site, pour leur restaurant ainsi que pour leur épicerie à l'avant du restaurant.

Sur la carte, l'esprit est resté le même que chez Ici, si ce n'est que cette fois, les légumes, herbes aromatiques et fleurs comestibles viennent de leur potager à l'arrière de la cuisine. On retrouve avec plaisir l'incontournable sashimi de bœuf maturé (21 €), ainsi que leur « assiette comptoir » (19 €) proposée tous les jours sous forme de buffet. Une soupe chaude ou froide, un saumon grillé et quelques autres plats viennent compléter cette carte du midi, pleine de fraicheur et composée à 80 % de légumes. Saskia, en cuisine, nous explique son envie de préparer une cuisine « de la ferme », simple et conviviale, sans chichi et basée sur le produit. En attendant d'ouvrir le restaurant le soir également, les filles proposent déjà un apéro du jeudi au samedi. On y vient pour déguster une planche nordique, des cocktails bio, ou encore du vin nature de chez Biodivino. Avant de quitter le restaurant, arrêt obligatoire par la boutique qui propose de la magnifique vaisselle en porcelaine noire et de jolis ustensiles en bois, histoire de ne pas repartir les mains vides.

EN In January 2019, Saskia and Marine traded Ici, their tiny organic food bar in Brugmann, for a 6 hectare piece of land, 10 minutes away from Brussels. Les Terres d'Ici, the new project on which they had worked for over two years before opening, is extremely promising. Teaming up with the co-op that runs the tree nursery and the farm on the site, the girls have rounded off their vision, making their new venue even more sustainable than the previous one. The idea: 80 % of the restaurant's food supplies are to come directly from the on-site farm.

Food-wise, most of Ici's recipes are still on the menu, with the delicious matured beef sashimi (21 €) and the classic *assiette comptoir* (19 €) available here as a buffet. A soup, hot or cold, grilled salmon and a few other dishes are also available on the lunch menu, where 80 % of the food on your plate are vegetables. Saskia, the chef, tells us about her will to prepare "farm food", fresh and comforting, not overdone and always centered on fresh ingredients. Though the restaurant is not yet open on evenings as well, the girls have already started offering evening drinks from Thursdays to Saturdays. The perfect occasion to try their Nordic platter to share, organic cocktails or a glass of natural wine from Biodivino. Before leaving the restaurant, we couldn't help but stop by their beautiful boutique, to grab some of the stunning matte black plates or a few wooden utensils – we didn't want to leave empty-handed.

Coquum

Cuisine gastronomique / *Gourmet cuisine*

226 rue au Bois
1150 Woluwe-Saint-Pierre
+32 2 850 41 67
facebook.com/coquumrestaurant

Lunch en 2 services / 2-course lunch: 22€
4 services / 4-course menu: 59€ – 84€
Bouteilles de vin / Bottles of wine: 25€ – 59€

FR On se réjouit de l'ouverture de Coquum, petit gastro à la déco douillette et à l'addition abordable en plein cœur de Stockel. Le resto, petit et chaleureux, avec ses touches de briques, de bois clair, de pierre et de cuir, accueille une vingtaine de couverts tout au plus. Un joli mélange de styles entre scandinave et campagnard, pour un retour aux sources et aux matières naturelles comme le souhaitait le chef.

Le chef, c'est Cédric, un ancien du Chalet de la Forêt, du Notos et du Monde est Petit. Ce qu'il aime, c'est préparer une cuisine «comme avant», à coups de pickles, de bocaux, de poissons fumés et de viandes séchées maison. Mais attention, on est loin du rustique dans les assiettes. Alsacien de souche et passionné de voyages, Cédric fait hommage à sa technique et son savoir-faire à la française, en l'agrémentant d'inspirations du monde. Ses destinations ultimes: l'Asie et la Scandinavie. On ne s'étonne donc pas de s'installer sur des (fausses) peaux d'ours et de trouver des baguettes à table petite touche qui ravit la clientèle asiatique du quartier. Et nous aussi, surtout quand elles sont présentées dans de si jolis étuis. En lunch (22€ en 2 services), on déguste un saumon fumé – maison bien sûr –, et une volaille basse température ultra-tendre, accompagnée de céleri et de pomme verte. À la carte, c'est chicon fermenté au jus de pomme, chèvre fumé et mousse d'amande (16,50€), puis lieu jaune avec de la betterave et une émulsion vodka-citron (28€). C'est bon et plein de surprises, surtout les entrées qui nous ravissent les yeux comme les papilles, et qui nous auront convaincues de revenir tester le 4 services avec vins natures (59€ + 25€) incessamment sous peu.

EN What a great surprise to come across Coquum (pronounced cokoom), a cozy restaurant with an affordable menu in the heart of Stockel. Small and charming, the restaurant accommodates 20 people max. Completely renovated by the new owners, red bricks, light wooden tables, leather cutlery cases and comfy rugs have now taken over. The result is a mix of Scandinavian design and country charm, in touch with nature.

A cook for over 23 years now, the chef, Cédric, has worked in some great venues such as Le Châlet de la Forêt, Notos and Le Monde est Petit. He loves cooking "like we used to", making the most out of pickles and preserves, smoking his own fish and curing his own meat. While his technique and know-how are definitely *à la française,* his inspirations come from all over the globe. His all-time favorite regions to visit: Asia and Scandinavia. It's therefore no surprise to be sitting on bear fur (fake of course) while enjoying our food, and having chopsticks laid on our table – a detail the Asian regulars from the neighborhood simply love. Back to the food. For lunch (a 2-course meal for 22€), we had home-smoked salmon and wonderfully tender slow-cooked chicken. À la carte, we ordered chicory fermented in apple juice with smoky goat cheese and almond mousse (16.50€) as a starter – simply mind-blowing – and pollock with beetroot and lemon-vodka sauce (28€) as the main course. The food was delicious and full of surprises, especially the starters which delighted both our palate and our eyes and convinced us to come back to try the 4-course menu – paired with natural wines – as soon as we could.

L'Auberge des Maïeurs

Restaurant certifié bio / *Organic restaurant*

1 parvis Saint-Pierre
1150 Woluwe-Saint-Pierre
+32 2 850 40 57
laubergedesmaieurs.be

Plats / Mains : 19,50 € – 29,50 €
Lunch 3 services / 3-course lunch : 27,50 €

FR Avant d'ouvrir le restaurant, Sarah et son mari Jérémy étaient avant tout agriculteurs. Et c'est cet esprit d'agriculteur, justement, qui a déterminé les étapes clés de leur projet. Il y a sept ans, tout a commencé avec un terrain d'1 hectare à peine à Wezembeek-Oppem, et le lancement d'une ferme bio et d'une boutique attenante. Jérémy s'occupait du champ, et Sarah de la boutique. Petit à petit, leur projet et leur terrain ont grandi, aussi organiquement que leur récolte. Aujourd'hui, c'est plus de 8 hectares qu'ils cultivent, toujours en 100 % bio, soutenant à leur échelle l'agriculture durable, autant pour l'homme que pour l'environnement.

Et puis il y a un an, L'Auberge des Maïeurs, bâtiment classé, enfin restauré après 5 années de rénovation suivant un incendie, fut enfin prêt à accueillir un nouvel établissement. Sarah et Jérémy remportèrent l'appel à projet, devenant ainsi le premier restaurant certifié 100 % bio de Bruxelles. Mais au-delà de l'idée de n'offrir que du bio – aussi bien les légumes que le Cognac – c'est une démarche de « champ à l'assiette » que le couple est parvenu à mettre en place. En été, c'est plus de 90 % de leurs légumes qui viennent directement de leur ferme. Le chef Dimitri, après avoir bossé 14 ans dans un gastro, a lui aussi eu envie de quelque chose de différent, et a accepté à bras ouverts le challenge : tous les mois, il crée son menu à partir du calendrier des récoltes de la ferme. Ça donne une cuisine fraîche et colorée, mais aussi créative et surprenante. Avec son énorme jardin à l'avant et sa boutique à l'arrière, c'est l'adresse idéale pour un joli lunch prolongé, à savourer des produits locaux et de saison, aussi beaux que bons.

EN Before opening their restaurant, Sarah and her husband Jérémy were, above all, farmers. And it's precisely that farming spirit that determined the key steps of their project. It all started seven years ago with a 1-hectare organic farm and adjoining shop in Wezembeek-Oppem. Jérémy was responsible for the field and Sarah for the shop. Little by little, their project grew, just as organically as what they reaped. Today, their farm covers over 8 hectares and is still 100 % organic, supporting sustainable agriculture for both people and the environment.

And then about a year ago, renovation of L'Auberge des Maïeurs' was finally completed and awaited a new proprietor. The victim of a fire, the extensive renovation of this heritage-listed building had taken over five years. There was a call for projects and Sarah and Jérémy put in a bid and won, becoming the first certified organic restaurant in Brussels. But though they only offer organic produce – from vegetables to cognac – their "farm to table" vision goes much further. In the summer months, over 90 % of the vegetables served in the restaurant come from their own farm. The chef Dimitri, after having worked in a gourmet restaurant for 14 years, was happy to join the project and take up the challenge: each month, he creates a menu based on the harvest calendar. His dishes are fresh and colorful, but also quite innovative. With its big garden at the front and its boutique at the back, l'Auberge des Maïeurs is the perfect place for an extended lunch, enjoying beautiful and creative dishes – always made from local and seasonal ingredients, of course.

Les Petits Bouchons

Bistro canaille / *Belgian bistro*

832 chaussée d'Alsemberg
1180 Uccle
+32 2 378 09 90
lespetitsbouchons.be

Plats / Mains : 18,50 € – 27,50 €
Lunch 3 services / 3-course lunch : 22,50 €

FR On voulait faire un endroit de *zwanzeurs*, nous dit Tom, chef et patron des Petits Bouchons. Lorsqu'il a repris l'établissement du même nom avec sa femme Sylvie en mai 2018, Tom avait une vision assez claire derrière la tête. Il cherchait un vieux caberdouche, aux airs de bistro. Un vrai resto belge de qualité, loin des pièges à touristes, où il pourrait préparer une cuisine traditionnelle avec quelques améliorations. Mais aussi un lieu vivant, où il y aurait de la *zwanze*, et où les clients repartiraient un peu soûls de son établissement. « Un endroit où il se passe des trucs, loin des restaurants classiques et chiants. » On est plutôt pour. La seule autre adresse qu'on connaît dans le style, c'est Les Brigittines dans le haut de la ville. Et justement, Tom y a travaillé, aux Brigittines. Après avoir tenu son propre bistro pendant dix ans à Mouscron, il est passé par le Café des Spores puis par Les Brigittines avant de reprendre Les Petits Bouchons.

Aujourd'hui, ce « flamand élevé en Wallonie », comme il le dit si bien, retravaille les classiques belges sans les dénaturer, ni tomber dans le chichiteux. Ses moules-frites, ce sont des moules de bouchot, et son anguille au vert, de la lotte d'Ostende. On goûte aux asperges blanches, accompagnées d'un beurre au vin jaune et de morilles, dont on termine la sauce avec le super pain de chez Hopla Geiss. Une tuerie. Ensuite viennent les croquettes de crevettes, remplies de crevettes, moelleuses à souhait et parfaitement réussies – même si Tom nous dit qu'il voudrait encore retravailler leur panure. Côté carte des vins, c'est plutôt nature, ce qui leur aura valu d'être surnommé – à tort – bistro parisien. Qu'à cela ne tienne, côté carte, on sait où on a mis les pieds !

EN We wanted to open a place for *zwanzeurs*, says Tom, chef and owner of Les Petits Bouchons. In the dialect of Brussels, this roughly translates into a place for people who love to have a laugh, a drink and fun in general. Taking over the restaurant in May 2018, Tom and his wife Sylvie had found exactly what they were looking for: a place with a local history, looking like a bistro. A real quality Belgian restaurant, off the tourist map, where he could prepare traditional dishes with personal twists. But also a place that would be alive, with *zwanze*. A place from which customers would go home slightly drunk. Where things would happen – not just another boring and quiet restaurant. That's everything we love, and the only similar place we can think of is Les Brigittines. As it turns out, after having run his own bistro in Mouscron for over ten years, Tom worked at Café des Spores and at Les Brigittines before taking over Les Petits Bouchons.

Today, this "Flemish raised in Wallonia", as he calls himself, reinterprets Belgian classics without altering their essence, nor overdoing things. His moules-frites are Bouchot mussels, and his anguille au vert is made with burbot from Ostend instead of eel. We had the white asparagus, served with yellow wine sauce and morels. We wiped our plates clean with delicious bread from Hopla Geiss. To die for. Then came the shrimp croquettes, filled with grey shrimp and extremely soft – a real success even though Tom was not 100 % satisfied with the breading yet. As for the wines, they're mostly natural, which has caused the place to be wrongly nicknamed a Parisian bistro. But just looking at the menu, you'll quickly find out what this place is really about.

Sake Bar Brussels

Sake & Otsumani

17 rue Juste Lipse
1040 Etterbeek
+32 2 770 01 32
sakebar.eu

Atelier Sake pairing / Sake pairing workshop : 50 €
3 Sake + 3 Otsumami : 20 €
Sake masterclass : 50 €

FR Rares sont les Bruxellois ayant eu l'occasion de véritablement s'initier au saké japonais – un vin de riz au taux d'alcool variant entre 12 à 17 °, à mille lieues des sakés chinois généralement servis en guise de digestifs. Tout aussi rares sont les initiés à la véritable cuisine familiale nippone, authentique et chaleureuse, loin des bars à ramen ou des comptoirs à sushi. C'est tout cet univers que l'on retrouve chez Sake Bar Brussels, ouvert par Saori dans le quartier européen, à la place de l'ancienne Winery Schuman.

Les bouteilles de vin ont été remplacées par plus de 200 références de saké japonais, vendues en exclusivité européenne au Sake Bar, et en importation directe de petits brasseurs. Le soir, la formule « saké tasting » (20 €) permet de découvrir trois sakés en petites quantités (3 cl), accompagnés de trois otsumami au choix. On se laisse ensuite guider par les conseils de Saori qui, à l'aide de son tableau, nous emmène à travers les 4 grandes catégories de saké : léger et doux, fruité, maturé ou rond (de 6 à 12 € les 9 cl). Le midi, place au lunch « comme à la maison » : curry japonais, boulette de viande, ou encore bento de maquereau pané à la chapelure panko accompagné d'une salade d'algues, de racines de lotus et de riz vinaigré japonais (14 €). Il y a toujours également une option végétarienne au menu, ainsi que du thé Hojicha à volonté. Et pour un réel voyage au cœur de l'univers du saké, on s'inscrit à un des ateliers, où un sommelier en saké certifié nous fera goûter une dizaine de références et nous initiera à l'art du saké-pairing durant 2 h de cours et de dégustation (50 €, une fois par mois). Un vrai bar à saké comme on n'en avait pas encore à Bruxelles, et une pépite dans tous les sens du terme.

EN You can probably count the lucky few in Brussels who master the art of Japanese sake – a rice wine with an alcohol content of 12-17 degrees and miles away from the better-known Chinese sake usually served as an after-dinner drink. Same goes for the lucky few who've had the chance to try authentic and hearty Japanese family cooking, far from the trendy ramen or sushi bars we know. This is exactly what Sake Bar Brussels is all about.

Sake Bar Brussels was opened by Saori in the heart of the European Quarter, in the previous building of Winery Schuman. Wine bottles were replaced by over 200 different kinds of sake, directly imported from small brewers in Japan and exclusively sold at Sake Bar Brussels. In the evening, the "sake tasting" offering (20 €) will let you try three different kinds of sake in small glasses (3cl), along with a selection of three otsumami chosen from the bar menu. Once you've got a better idea of what you like, let Saori guide you through the four main categories of sake on her chart: light and sweet, fruity, matured or full-bodied (from 6 to 12 € for 9cl). For lunch, the Sake Bar has a few of Japan's most comforting dishes on its menu: Japanese curry, meatballs or even shrimps fried in panko batter then served in a traditional bento with seaweed salad, lotus root and Japanese rice (14 €). A vegetarian option is always available as well, along with some Japanese Hojicha tea. And for a deeper dive into the heart of Sake, sign up for one of their monthly workshops, where you'll get to try about 10 different kinds of Sake, and learn all about its history and how to best pair it with food. The first real Sake Bar in Brussels, and without a doubt one of the best spots to get a real taste of Japan.

讃岐くらうでぃ

Sanzaru

Restaurant Nikkei / *Nikkei restaurant*

292b avenue de Tervueren
1150 Woluwe-Saint-Pierre
+32 2 773 00 80
sanzaru.be

Plats / Mains : 20 € – 35 €

FR À l'origine, le mot « Nikkei » venait du mot Nikkeijin, utilisé pour désigner une personne japonaise expatriée au Pérou vers la fin du 19e siècle. Rapidement après leur installation, ceux-ci se mirent à intégrer les ingrédients locaux à la cuisine traditionnelle nippone. Coriandre, piment, oignon rouge, citron ou yuzu s'ajoutent petit à petit aux sashimi et autres spécialités de poissons crus dont ils ont le secret. C'est la naissance de la cuisine Nikkei.

Installés au milieu de l'avenue de Tervueren, dans un bâtiment moderniste classé des années 30, les frères Maxime et Cédric Gillet ont entrepris le projet ambitieux d'introduire la cuisine Nikkei en Belgique. Épaulés notamment par Lakhdar, ils transforment l'ancien Yume en un restaurant Nikkei plutôt bristronomique, arborant sur ses murs les fresques éclatantes de Double Mafia, le duo des artistes Marcin Sobolev et Arianna Musetta.

À la carte, entre les edamame et les tostaditas, notre cœur balance. De plus près, chaque intitulé semble n'être qu'un mélange plus subtil que le précédent de ces deux cuisines dont nous avons l'habitude. On choisit les tostaditas, de minuscules galettes de maïs servies avec du saumon au laquage teriyaki (9€ la mise en bouche). Le ceviche de daurade, plutôt classique avec sa marinade au leche de tigre, n'en est pas moins excellent (15€), et nous donne d'emblée un aperçu de la qualité de la cuisine. Mais notre vrai coup de cœur, c'est le softshell crab en tempura avec sa mayonnaise au piment rocoto et au gingembre confit (17€). Avec sa superbe terrasse et son jardin à l'avant, c'est l'endroit idéal pour découvrir cette cuisine encore peu répandue tout en profitant des beaux jours.

EN Though the word Nikkei now refers to the elegant blend of Japanese and Peruvian cuisines, it originally found its root in the word Nikkeijin, used to name Japanese expats in Peru in the late 19th century. The Nikkeijin quickly integrated local ingredients into their very own Japanese recipes, with cilantro, chilies, red onions, lemon or even yuzu paired with sashimi or other raw fish specialties. The Nikkei cuisine was born.

Located halfway down the Avenue de Tervuren in a modernist building from the 30's, the restaurant run by brothers Maxime and Cédric Gillet took the ambitious bet of importing Nikkei cuisine into Belgium. Helped by Lakhdar, they transformed the old Yume restaurant into a rather elegant Nikkei bistro, proudly displaying on its walls the colorful designs of artists Arianna Musetta and Marcin Sobolev, the duo behind Double Mafia.

Looking at the menu, we first felt a bit lost between the edamame and the tostaditas. But looking deeper into the descriptions, we soon realized each dish was a subtle combination of the best of both worlds. We first went for the tostaditas, tiny corn tortillas topped with teriyaki salmon (9€ as an appetizer). Followed by the sea bream ceviche (15€), rather traditional with its leche de tigre marinade, but simply excellent. But our real crush went to the softshell crab tempura with Rocoto chili and candied ginger mayonnaise (17€). With its beautiful terrace and its front garden, the Sanzaru is the perfect spot to discover a new type of cuisine while enjoying the sun.

St Kilda

Menu unique à partager / *Sharing tasting menu*

44 avenue Coghen
1180 Uccle
+32 494 68 96 60
stkildabxl.be

Lunch : 25 €
Dinner : 40 €

FR On entre chez St Kilda avec des étoiles dans les yeux et des petites pointes d'excitation. Ça fait déjà plus d'un an que cette pépite existe, bien cachée dans un quartier résidentiel à Uccle. Milan et Antoine nous accueillent depuis leur énorme cuisine avec le sourire, dans leur petit resto encore semi-confidentiel. Avant d'ouvrir comme restaurant, St Kilda était surtout leur QG pour préparer leurs commandes traiteur – d'où la taille de la cuisine, nous explique Milan. Après avoir vécu 7 ans en Australie, il pose ses valises à Bruxelles, et demande à ses amis d'enfance Antoine et Maxime de le rejoindre. Le projet se forme petit à petit, et grâce au bouche à oreille, les trois gars développent un service traiteur super qualitatif, principalement dans le cinéma – où le catering laisse encore souvent à désirer. Ensuite, vient le restaurant, et la déco pleine de cachet qui donne envie de ne jamais en repartir. Attention par contre, St Kilda n'est pas un resto comme les autres. Pas de menu, pas d'horaires. Si vous avez envie d'y aller, passez-leur un coup de fil, ils vous accueilleront avec plaisir. Une fois sur place, laissez-vous guider par Milan, et son menu unique de petits plats à partager (40€ le soir, 25€ le midi). On a goûté au gaspacho de betteraves, un ceviche de sardines à la belge, à des maatjes accompagnés d'oignons en pickles et d'une émulsion de vieux gouda, à des petites seiches avec crevettes grises et queues de racines de persil, et enfin à des tagliatelles al ragu qui étaient juste à mourir. On avait fait des lasagnes, il nous restait de la pâte et j'avais justement de la queue de bœuf, se justifie Milan. Ça nous va très bien, c'était tout simplement excellent.

Sans aucun doute l'adresse de la rentrée.

EN We walked into St Kilda with sparkles in our eyes. Opened more than a year ago, yet well hidden in a residential area in Uccle, we'd only just heard about this gem. Milan and Antoine welcomed us with a smile from behind their huge kitchen counter in their semi-confidential restaurant. Before opening as a restaurant, St Kilda was the headquarters of their catering business – hence the size of the kitchen. After living for 7 years in Australia, Milan came back to Brussels to launch his own business, inviting his two childhood friends, Antoine and Maxime, to join in. The project grew bigger, starting off as caterers in the cinema industry – where catering is usually, more often than not, extremely poor. Then came the restaurant, with its gorgeous decor making us want to stay here forever. But be warned : St Kilda is a different type of restaurant. It doesn't have opening hours and doesn't have a menu. Before coming, make sure to give them a call, they'll be happy to welcome you. Once seated, let Milan guide you through his unique sharing tasting menu (25€ for lunch, 40€ for dinner). We had beetroot gazpacho, "Belgian ceviche" with sardines, maatjes paired with old gouda mousse and pickled onions, tiny squids with grey shrimp and parsley stems, ending up with a mind-blowing tagliatelle al ragu. "We'd made lasagnas and I happened to have some oxtail", explained Milan. That was clearly fine by us, as it was one of the best al ragu we'd ever had.

Definitely the one restaurant to try this year.

Tortue

Bar à vin & épicerie / *Wine bar & deli*

34 rue Edith Cavell
1180 Uccle
+32 473 18 03 48
facebook.com / clubtortue

Bouteilles de vin àpd / Bottles from: 22€
À grignoter / Nibbles: 4€ – 12.50€

FR Tortue, comme l'île de la Tortue considérée autrefois comme le graal pour les pirates. Perruche, parce que la *team* aimait ce mot au moins autant que Tortue, et a donc tranché pour avoir son effigie comme logo. Mais ce que l'équipe recherche vraiment, ce sont les meilleurs vins, aux quatre coins du globe, et sans répit – un peu comme des pirates, d'où le lien un peu farfelu avec l'île de la Tortue.

Leur bar à vin en coin, posé en plein soleil au croisement de deux rues uccloises tranquilles, c'est sans aucun doute une petite île aux trésors. Tenu par Yann et Étienne, et ouvert par l'équipe de Chez Franz et Chez Richard, Tortue n'est pas plus grand qu'un mouchoir de poche – et déjà rempli jusqu'au plafond des meilleurs produits et bouteilles. On reconnaît l'attention aux détails qu'on trouve dans les autres établissements de la même *team*, du logo à la carte, le service super-sympathique et l'ambiance ultra-cool qui dominent le tout. Un vendredi soir au soleil avec des amis, c'est un petit coin de paradis. Leur spécialité: les vins natures un peu foufous, ceux qui nous font sourire et ravissent nos papilles de surprise, comme leur Wild Rosé (36€ sur place), un rouge plutôt léger et déjanté, ou le Java (33€ sur place), un blanc qui se boit comme un vin orange – tous deux sans intrants, à base de raisins fermentés uniquement. Côté carte, tout sent le soleil et la Méditerranée – mortadelle aussi fine que du papier (9€), jambon du Frioul d'Osvaldo (12€), olives «Nocellara» (4€), et la tuerie incontournable: la Bresaola de thon, servie avec du cédrat et des câpres (12,50€). Ça ressemble de tout près au bonheur.

EN Tortue refers to "Tortuga island", once considered as the ultimate destination for pirates. The logo sports a parakeet, because the team liked the word *perruche* as much as *tortue* and couldn't decide how else to use it. But what the team is really looking for are the best wines across the globe – a bit like pirates and their never-ending search for Tortuga island, hence the name.

Their wine bar, perfectly located on a corner to get as much sunlight as possible, is definitely a sort of treasure island itself. Managed by Yann and Etienne and launched by the team already behind Chez Franz and Chez Richard, Tortue is no bigger than a pocket handkerchief, yet its shelves are already packed with the best bottles and deli produce, from floor to ceiling. The same attention to detail, from the logo to the menu, is recognizable from the team's previous venues, as is the super nice staff and the extremely laid-back atmosphere. On a sunny Friday evening with friends, it's close to paradise. Their specialty: natural wines with an edge, the ones that make us smile at their interesting smell and where that first sip turns out to be a great surprise. We loved their Wild Rosé (36€ on the spot), a unique and wacky light red wine, and the Java (33€ on the spot), a white wine extremely close in taste to an orange wine – both made uniquely from fermented grapes, without any additives. On the menu, everything feels as though we're on vacation in the Mediterranean – mortadella as thin as parchment paper (9€), raw ham from the Frioul (12€), Nocarella olives (4€), and the hit of the house: tuna Bresaola, served with candied lemon, capers and olive oil (12.50€). As close to bliss as you'll get.

Winery Boitsfort

Caviste, bar à vin / *Wine bar & wine shop*

1 rue des Trois Tilleuls
1170 Watermael-Boitsfort
02 895 77 73
winery.be

Vin au verre / Glass of wine: 5,10 € – 9,50 €
Dégustation 7 verres / 7-glasses wine tasting: 50 €

FR Si aujourd'hui le concept de caviste / bar à vin coule presque de source, ce n'était pas forcément le cas il y a une petite quinzaine d'années, lorsque Frédéric de Thibault ouvrit le premier Winery à Bruxelles. « Pour mieux acheter, mieux vaut commencer par goûter », une évidence pour Frédéric. C'est la naissance de Winery Brugmann, premier caviste en son genre, suivi quelques années plus tard par l'ouverture de Winery Boitsfort. Pour chaque adresse, c'est la même vision qui anime l'équipe: celle d'un lieu hyper convivial, où l'on vient chercher une bouteille avant un dîner entre amis ou bien où on la déguste sur place moyennant 10 € de droit de bouchon, accompagnée de planchettes maison. Leurs régions fétiches: le Languedoc, le Roussillon et le Beaujolais, à quoi s'ajoutent également des vins du Jura et de Loire, pour près de 300 références au total disponibles en magasin.

Laurence, la sommelière du Winery Boitsfort, nous fait goûter une petite dizaine de références et les coups de cœur commencent. Quelques vins natures, quelques vins en biodynamie, mais pas seulement. Ici, le vin doit être bon et bien fait avant tout. Véritable coup de foudre pour le Canet Valette, un Languedoc-Roussillon blanc tirant vers l'orange, mélangeant deux cépages méditerranéens: le Picpoul et le Bourboulenc. Coup de foudre également pour le Clos Maïa, un blanc du Pays d'Hérault tout en finesse. En cuisine, c'est focus sur les planchettes, dont on retient un gravlax de saumon en suggestion (12 €) ainsi que d'excellentes rillettes de maquereau fumé (8 €). Et en été, c'est en terrasse qu'on viendra prendre l'apéro au soleil, ou assis confortablement le long des baies ouvertes sur la terrasse.

EN Though the concept of a wine shops combined with a wine bars seems pretty obvious, this wasn't the case 15 years ago when Fréderic de Thibault opened Brussels' first Winery. It's always better to taste before buying, says Fréderic. It's also the main reason he opened Winery Brugmann, the first-ever wine shop in Brussels offering tastings as well, followed a couple of years later by a second venue, Winery Boitsfort. In both, the atmosphere is super-friendly and customers can either come and buy a bottle to take away or drink it on the spot, for an extra charge of 10 €. The main regions they work with are Languedoc, Roussillon and Beaujolais, plus a few vineyards in the Jura and the Loire. A total of over 300 different wines are available in the shop.

Laurence, their sommelier, had us try 7 different wines (50 € pp for their wine tastings). That's when things really got interesting. Their selection ranges from natural and organic wine to more "traditional" wines, with priority given to taste and know-how rather than wanting to be "natural-only". We fell in love with their Canet Valette, a white wine – almost orange really - from Languedoc-Roussillon, a beautiful blend of Picpoul and Bourboulenc. Our second crush was named Clos Maïa, a really subtle and delicate white wine from Pays d'Hérault, of which each of us got a bottle to go home with. In the kitchen, their focus is on savory boards ranging from ham and cheese to more creative ones, like delicious salmon gravlax (12 €) or smoked mackerel rillettes (8 €). In summer months, the Winery, with its huge windows and sunny terrace, becomes the perfect spot for a drink.

WINERY

Index

Cafés

Néocantines

Restos

Bars

Interviews

Recettes / Recipes

FR Auteure, photographe, mais avant tout entrepreneure, Chloé Roose parcourt la capitale à la recherche des meilleures adresses bruxelloises. Plus qu'une passion pour la cuisine, elle partage avec nous dans ce deuxième guide et sur son site www.brusselskitchen.com son amour pour l'art de recevoir.

Les détails, les attentions, les petites touches qui font la différence. Ce sont ces choses-là qu'elle recherche lorsqu'elle part à la découverte d'un bar à cocktail, d'une néocantine ou même d'une adresse gastronomique. Ces choses qui font qu'on se sent bien, qu'on a envie de revenir, de garder l'adresse secrète rien que pour soi ou au contraire de la partager avec tout le monde.

C'est avec ces mêmes attentions et cette même énergie qu'elle organise ses événements culinaires – Brunch Club ou tables d'hôtes gastronomiques – réunissant chefs bruxellois, artisans, vignerons, graphistes ou encore photographes bourrés de talent.

La cuisine comme un moment, l'art de recevoir comme une condition, le partage et le plaisir comme une finalité. Et ce guide comme un outil, pour découvrir et redécouvrir ce plaisir à travers les meilleures adresses où bien manger et boire de notre capitale.

EN Author, photographer and above all entrepreneur, Chloé Roose has been crisscrossing Brussels for years in search of the best places to eat and drink in style. Revealing more than just a passion for food, her website www.brusselskitchen.com and this second book highlight her love and passion for hosting.

Details that attract our attention, small touches that make all the difference. These are the things she is searching for when on the lookout for a cocktail bar, a lunch spot or even a gourmet restaurant. And these are the things that grab us, making us want to come back for more, to keep the address a secret or to share it with as many people as we know.

It is those same details and those same vibes she emits at her food events – Brunch Club or gourmet dinners in her home – bringing together talented chefs, artisans, winemakers, graphic designers and even photographers.

Food as a moment, the love of hosting as a sine qua non, the genuine joy of sharing as a goal. And this guide as a tool, helping us to relive these precious moments again and again, through the best places to eat and drink out in Brussels.

Conception graphique: Delphine Volkaert
Photos: Chloé Roose
Photo p.224: Naomi Elie
Photo de Chloé Roose en couverture arrière: Justine Guerriat

www.racine.be
Inscrivez-vous à notre newsletter et recevez régulièrement des informations sur nos parutions et activités.

Tour et Taxis, Entrepôt royal
86C, avenue du Port, BP 104A • B - 1000 Bruxelles

D. 2019, 6852. 17
Dépôt légal : septembre 2019
ISBN 978-2-39025-101-9

Imprimé en Pologne